《晋剧坤伶须生开宗泰斗丁果仙》之
《春秋》《影行》《品评》

并州七老草根编创组成员
杨秋实　张桂根　赵威龙　华　敏　阎玉庭　刘惠兰　段兴旺

顾问
曲润海　郭士星　张仁健

《春秋》赵威龙/主笔　《影行》华敏/主撰　《品评》阎玉庭/主编

并州七老草根编创组 ◎ 编著

晋剧坤伶须生开宗泰斗

丁果仙

影行

山西出版传媒集团

北岳文艺出版社

·太原

图书在版编目（CIP）数据

晋剧坤伶须生开宗泰斗丁果仙·影行 / 并州七老草根编创组编著. — 太原：北岳文艺出版社，2020.3
ISBN 978-7-5378-5880-9

Ⅰ. ①晋… Ⅱ. ①并… Ⅲ. ①传记文学－中国－当代 Ⅳ. ①I25

中国版本图书馆CIP数据核字（2019）第056804号

晋剧坤伶须生开宗泰斗丁果仙·影行

并州七老草根编创组　编著

/ 编撰策划 /
杨秋实　张桂根　华敏

/ 出版策划 /
续小强　陈洋

/ 项目负责 /
谢放

/ 责任编辑 /
陈洋　张昊

/ 书名题写 /
王东满

/ 书籍设计 /
张永文　黄蕊

/ 印装监制 /
郭勇

出版发行：山西出版传媒集团·北岳文艺出版社
地　址：山西省太原市并州南路57号　邮编：030012
电　话：0351-5628696（发行部）　0351-5628688（总编室）
传　真：0351-5628680
网　址：http://www.bywy.com　E-mail：bywycbs@163.com
经销商：新华书店
印刷装订：山西人民印刷有限责任公司

开　本：787mm×1092mm　1/16
字　数：320千字　印张：17.25
版　次：2020年3月第1版
印　次：2020年3月山西第1次印刷
书　号：ISBN 978-7-5378-5880-9
定　价：180.00元

本书版权为本社独家所有，未经本社同意不得转载、摘编或复制

谨 以 此 书 献 给 丁 果 仙 大 师

感悟

[双调·落梅风]

感悟

曲尽了，戏终了，人散了，似乎幕落。
看后继昂扬登台气磅礴，
唱长歌，大师之祚，烁然史册。

晋剧坤伶须生开宗泰斗丁果仙之影行卷

目录

序 一	《晋剧坤伶须生开宗泰斗丁果仙》三卷本的三种魅力		01
序 二	贺《晋剧坤伶须生开宗泰斗丁果仙》三卷本问世		03
序 三	中华才俊辈辈出　风骚各领代代传		05
序 幕	解谜		001
第一幕	草芥童年		011
第二幕	芬华艺苑	第一场　黄金季 第二场　收获季 第三场　沧桑季 第四场　巅峰季	023
第三幕	悲欢琴瑟	第一场　听命婚恋 第二场　爱人以德	141
第四幕	芳烈桃李		173
尾 声	告白		229
后 记			251
赞 语			255

序一

《晋剧坤伶须生开宗泰斗丁果仙》之《春秋》《影行》《品评》三卷本的三种魅力

曲润海

丁果仙是晋剧史上一座前无古人的高峰,是晋剧须生行目前看到的最高峰。为这样一位晋剧大王、大师立传,是功德无量的盛事。如今,由七位老戏人(暂称七老吧)组成的编写组集体编写的《晋剧坤伶须生开宗泰斗丁果仙》之《春秋》卷、《影行》卷、《品评》卷就要问世了,我先睹为快,为三种魅力,激动不已。

首先是丁果仙的人格魅力。

无论是学艺、磨艺、展艺、传艺,丁果仙都展现出一种坚忍不拔的进取精神、从一而终的敬业精神、全心全意的奉献精神。她是在继承了前辈艺术家的创造,吸收了说书红、盖天红等艺术家的优长,成长发展起来的。学艺是很艰苦的,她不惧艰苦,她学成了。她初学青衣后改须生,一旦笃定,终生不渝。无论是演戏、授徒,她都恪尽职守、一丝不苟。

在她身上,有一种宽厚的亲和力、无形的凝聚力。无论在哪里,她绝不鹤立鸡群,而是让大家"群星闪耀"。这也正如同栋梁之材,是在茂密的森林中出类拔萃的。没有森林,难有栋梁。没有牛桂英、郭凤英、冀美莲、乔国瑞、丁巧云、乔玉仙、梁小云、刘俊英、花艳君、刘仙玲等群英扶持,她也独木难成擎天柱。在她的班子之外,还有程玉英、张宝魁、张美琴等,相得益彰,水涨船高。这固然有领导的扶持与协调之力,然而如果她缺乏凝聚力,也是扶持不起来的。

她有容人的雅量。无论在哪个戏班子，都不可能没有矛盾；但她能看得开、忍得住、融得成。"文革"中她受着奇耻大辱，甚至有她的学生被裹挟进去，她也没有计较。她是同辈人、晚辈学子高而直的标杆。这座标杆不是自立的，而是在她身体力行的过程中自然树立起来的。并非丁门弟子的七老，尚且把她当作做人做事的标杆，她的徒子徒孙们就更不用说了。

其次是丁果仙的艺术魅力。

丁果仙有她独有的天分和建树。丁派的精华在唱、念、做三方面。她的唱腔字正腔圆，炉火纯青，已经成为晋剧须生唱腔的典范，虽说"无生不丁"似有夸张，但起码是"十生九丁"。她的念白，在蒲白的基础上融进了京昆气韵，抑扬顿挫，铿锵有力，朗朗上口，句句可以入耳。听她念白绝对是一种享受。她的做派潇洒、自然、轻松、适度，不过不欠，不温不爆，创造出一种诗境，让人欣赏，让人陶醉。

丁果仙是一位与时俱进的艺术家，具有创新精神。她总是在不断地锤炼她的戏，精益求精。她又能创作演出与时代合拍的新戏，甚至现代戏。她博采众长，吸纳姐妹艺术的精华，融化为自己的精髓。

丁果仙演戏往往不拘成格，临场发挥，即兴创造。有时使配手难堪，使琴师鼓师措手不及，却显得鲜活、新奇，意想不到地受到观众欢迎，成了创新，成了新的定格。丁果仙一生中演过各类行当、数百剧目，一批剧目在她手上锤炼成了精品、非遗代表作，塑造出了一批家喻户晓的艺术形象。不仅应工的须生戏脍炙人口，就是那个丑角戏《表刘流》，也独一无二地让人惬意、提神。她的许多戏不但演员在学演，而且成了当代戏曲院校的教学剧目。

丁果仙的艺术魅力，使人凝聚，使人向往，也使外剧团、外剧种愿意与她交流，共同推动戏曲艺术的发展。因而，她不仅仅是晋剧的，也是全山西戏曲的。

第三个魅力是三卷本颇多看点。

全套书秉承追根溯源、广采博取的编写理念，使得全书处处充实平实公允，还历史以本来面目；而且十分注重艺术性，写得像戏一样有观赏趣味。这里不能不赞赏七位编写者的戏剧才华。书中围绕着丁果仙，涉及了许多人物，教戏的、唱戏的、迷戏的、恋戏的、评戏的、为戏曲奔波的、甘愿忍辱负重的、在"文革"中为丁果仙送终的，写得让人感动，让人唏嘘嗟叹。可以说，这是一部晋剧艺术群芳谱！

我期待着这部巨制出现在我的书柜中，像观赏家珍一样观赏之，像翻阅辞书一样翻阅之！

序二

贺《晋剧坤伶须生开宗泰斗丁果仙》三卷本问世

郭士星

《晋剧坤伶须生开宗泰斗丁果仙》之《春秋》《影行》《品评》三卷本，是分量很重的具有重要历史价值和文化艺术价值的巨制。此作品至少有以下四个特点。

其一，写出了丁果仙真实可信的生平历史和艺术经历。资料翔实，力忌虚构，纠正了以往各种不实传言，再现了一个符合历史真实的晋剧一代宗师丁果仙的完整形象。

其二，写出了丁果仙时代的历史背景和社会生活环境以及地域风土人情，记录了民国以来山西的一些重大历史事件，再现了当时的民风民俗，具有重要的史学和地域文化价值。

其三，作品对丁果仙周围的一些重要人物，如她的师傅、亲友、舞台搭档等，也做了必要的记述和描写，从一个侧面再现了山西中路梆子的部分发展历史，讲述了一些鲜为人知的故事，可谓一部难得的中路梆子断代简史。

其四，三卷本各具特色，以文传、图传、评论三种不同形式，全方位多侧面地展示了丁果仙的人生与艺术，极富可读性和吸引力。

作品从资料收集到文字撰写，历经五年时间。以杨秋实先生与张桂根先生为核心，以赵威龙、华敏、阎玉庭、刘惠兰、段兴旺为成员的七位老者，自发组成编写组，怀着对丁果仙大师的崇敬之情，不图名利，不计报酬，全力以赴，各尽所能，克服困难，废寝忘食，不辞劳苦，四处奔走，广集资料。段兴旺先生自掏腰包，跋山涉水，上包头，下平遥，远涉河北井陉、张家口，甚至背着背包赴宝岛台湾，历经千辛万苦，终于弄清了丁果仙大师的出生地，弄清了连丁大师自己直到临终都没有弄清的苦难身世和传奇家史。《春秋》卷主笔赵威龙先生更是忍着老伴病逝的悲痛，呕心沥血，伏案笔耕，度过了千百个艰辛的日日夜夜。可以说，这三卷本凝聚着许多人的心血和汗水，是许多丁果仙的崇拜者自觉自愿精诚合作、无私奉献的可喜成果，是献给丁大师的最好礼物。

丁果仙是晋剧史上具有划时代意义的里程碑式的大师级代表人物，为丁果仙立传是我们这一代文艺工作者义不容辞的职责。这对于晋剧艺术的承前启后、发展、宣传，具有难以估量的深远意义。我对这套书的问世表示热烈祝贺，并向为它的问世付出艰辛劳动的各位同仁和朋友表示诚挚的敬意！

但愿丁果仙大师在天有灵，也为此作品的问世感到欣慰！

序三

中华才俊辈辈出　风骚各领代代传

张仁健

　　此时此刻，当我临纸挥毫，为给近代晋剧史上开宗立派、独领风骚多半个世纪的旷代硕果丁果仙立传的三卷本作序时，我的心情，可谓是兴奋至极，欣慰至极，又惶愧至极！何以故？说来话长，但又必须从头概述缘由——

　　1961年，我由北京大学毕业，分配到山西。荷蒙时任省戏研室主任易风王老的垂青，不弃我右倾分子之身份，录用我在其麾下从事剧评与表演艺术研究。于是，我这个生长于长江东海之滨的"南人"，便有幸与山河襟带的黄土高原之上的北国"乱弹"——以晋剧为主的梆子腔地方戏曲结下了不期而遇的十年缘分。易老（王易风）与丁大师便是我倾心于晋剧的两位系红绳的"月老"。如果说，我在省戏研室见习的头年是出于对易老知遇图报之情而硬着头皮出入戏院投入晋剧怀抱的话，那么，次年亦即1962年的晋剧院青年团赴京返并的汇报演出，尤其是当年7月隆重举办的丁果仙舞台生活四十年的纪念演出，则是我兴味盎然接受晋剧艺术熏陶、心旌摇荡领略晋剧风骚的初始发轫。青年团赴京载誉归来演出的打磨多年的《打金枝》《小宴》《杀宫》《算粮》等精品传统剧，令我耳目一新地感受到传承与创新完美结合的那种当代戏曲表演艺术的情韵，一味高亢火爆鼓板震耳数里闻唱的乡野班社的氛围已适度淡化；欣赏了丁果仙和她的高足们连续数日的丁派经典剧目的震撼上演，聆听寒声、易老等专家的精彩讲评，翻阅了手头可寻的文字资料，我认识到丁大师原本是将近代晋剧的表演艺术做了去粗存精改造与唱、做、念、白兼佳的创新，从而成为独领舞台风骚的晋剧现代化表演艺术的奠基人之一。怀着对她的高度崇敬，年轻好强的我马上开始动笔，于当年9月在《戏剧报》发了由我执笔的《谈丁果仙演〈八件衣〉中的杨知县》一篇六千字的评论文章，之后，我便不测深浅地暗自将系统研究丁氏表演艺术作为自己的主攻课题。或许是心有灵犀不点自通的缘故吧，识见不凡、用人有方的易老便给我和与我同室而居的、也是经易老当年调入省戏研室的、由吉林大学历史系毕业的艾治国君委派了编写《丁果仙舞台生活四十年》专著的重任。在易老的亲自策划安排下，我俩历时半载，如同门私淑弟子一般在大师府上接受大师口传身教的授业，又历半年许，我俩按许姬传所著《梅兰芳舞台生活四十年》的基本格局，以第三人称口吻将丁氏口述身授的记录文字，分"艺术生平"与"代表作艺谈"两大篇章，加工整理，成形为初稿。据易老告知，中国戏剧出版社派来专人翻阅了已成形的初稿，签订了出版意向书。正当我们摩拳擦掌慎始慎终，力争一鼓作气圆满完成编写任务时，世事风云剧变，愈演愈烈的以阶级斗争为纲的社教运动与史无前例的"文革"接踵而至，灾连祸接延续十多年，先后将我们卷入汹涌大潮。待到幸免于灭顶之灾后，虽可再舞文墨，但物固不是，人亦全非，旧业难操。"文革"初期，"丁传"文稿先是被入室打砸抢的造反"好汉"洗劫而去，下落不明；继之是传主丁果仙被整被斗病骨支离含冤饮泣过早辞世；再继之是"文革"后期，我等先是下放后是错位回归，各自另展宏图。我由山野村夫摇身成为编书匠。改革开放初期，一头扎进我所创办的《名作欣赏》杂志的编事冗务中，不遑他顾；但稍有闲暇，依然魂牵梦绕丁大师，深感不在她的坟墓上奉献一瓣心香，实是有愧她的厚爱，有负她的厚望。于是，在她逝世十周年前后，利用零星的业余时间，挖掘记忆残存，杂拾报刊前已发表可资翻新的文墨，陆续在省内报刊上发表了一组《丁果仙艺术生涯谈片》的短文。大约在她逝世二十周年时，受原戏剧界同仁的敦促，应山西《戏友》杂志所约，勉为其难，化零为整，敷演铺陈为不足四万字的《丁果仙艺术生涯评传》专文，连载刊发，后经充实修订，于2006年纳入《山西历史文化丛书》第二十辑。2009年为纪念丁氏百年诞辰编印《晋韵流芳》一书时，拙著仍为篇幅最长传评相兼的专文忝列其中。

从1992年始，至2010年以后，拙著跨两个世纪，逾二十多年，以瘦骨伶仃、老态龙钟之相，支应了数次丁氏纪念性的学术研讨会，实属一大尴尬。特别是偶听外来与会专家谬赞拙著为丁氏身后唯一留存的遗响绝唱时，我这尚有自知之明的作者，真如芒刺在背，汗颜淋漓，无地自容。扪心自问，愧对丁氏有三：一，"文革"前，为在"四清"运动中有出色的表现，几乎将"丁传"的出版置诸脑后，未在"四清"运动每期参与的间隙中，发力冲刺出书；二，"文革"伊始，谋于自保，陷入派争，疏于妥存丁传文稿与原始记录，致使轻易丢失于集体宿舍中；三，改革开放后，改行作嫁，不惑之年，忙于在新领域中奋进求成，虽因陋就简，写成评传，但未抽暇及时广为走访，搜罗第一手资料，大幅度修订评传，使其厚重丰满，庶几可与丁氏的艺术成就相匹配。待到退居林下后，虽闲暇多有，但年老体弱，居无定址，不克再操旧业，只爱落拓江湖，游山玩水，行吟自怡。丁氏评传的"修葺"乃至"重建"，虽不时萦怀，但心有余力不足，便一再蹉跎延搁。五年前，有自费走遍北国，甚至跨海赴台，追踪破解丁氏身世之谜的老戏迷段兴旺君，身背一大书包的相关摄影图文资料，访余于寒舍，征询出版丁氏图传的意见。余为其志趣情操所动，热忱接待，倾心相告鄙见，并鼎力推崇他与我的同行同仁同事多年的华敏君合作。后华敏见告：她已加盟由老戏迷、工人作家张桂根倡议，并与太原市戏剧界原老领导杨秋实共同牵头，太原市老剧作家赵威龙、省戏研所原副所长阎玉庭、市实验晋剧团刘惠兰自发组成的草根编创组，组员平均年龄已是七十有余，后段兴旺也加入其中。他们决定争取在三四年内编写出一部纪实完善的、有文学性的丁果仙详传和一部珍贵影像与精炼文字璧合的丁果仙图传以及一部丁果仙表演艺术品评精选集，三本一套，名《晋剧坤伶须生开宗泰斗丁果仙》。

他们"老骥伏枥，志在千里"的壮怀壮举，深深感奋了我这个疏懒老汉的进取心。他们功德无量的作为，实际是代偿了我对丁大师的歉疚，圆了我多年的夙愿。我这个丁师简陋评传的始作俑者，虽不能重新入伍成为写新传组合中的一员，但绝不能坐等抛砖所引之玉从昆仑蹦出，而必须为其大作的催生竭尽绵薄之力。于是，在乙未年初春，我耗时月余逐字逐句拜读了赵威龙先生主笔的四十余万字的丁传（即《春秋》卷）初稿，并循老编辑的惯习，边读边校改全文，并不计当否，逐一将褒贬的一己之见和盘托出，以资斟酌。先睹为快的总体感受是：一部当今最完备最翔实的丁果仙传记，经诸君数年毫不懈怠的耕耘培育，终于枝繁叶茂，可望临风招展于三晋剧坛之上。继之，在秋后至岁末，又陆续阅读了由华敏君执笔编写的十余万字的丁氏图传（即《影行》卷）文稿、阎玉庭和华敏执编事的丁氏评论精选精编集（即《品评》卷）的选目与编辑方案。在对此三卷本的整体面目有了不算粗略的了解，对作品五年怀胎一朝分娩的艰辛与畅怀有了感同身受的切肤体验，方怀着上文开白所坦言的那种兴奋与惶愧、欣慰与赞叹交织杂陈的心情，不揣简陋，絮絮叨叨地做此序文。

关于这部作品的问世，从编创组七位挚爱三晋戏曲、崇敬丁氏德艺的老戏人、老戏迷满腔激情贡献余热的自发组合，到千里跋涉奔波、揭谜求真、破伪求证、拾遗求全的广采博取的资料搜集，到不舍昼夜、魂牵梦绕、苦思冥想、群策群力的谋划构架、设计蓝图，再到分工有序、各尽所能、通力合作、反复修改的执笔成书……凡此种种，只要稍有搦管舞文经历的人，对个中的艰辛劳累，寝食不安的烦愁是不难有深切体味的，何况，他们的主脑主笔人均为垂老之人；更何况，两位执笔操翰者赵威龙先生与华敏女士，当其时也，一位正遭丧妻之痛，一位独身寡居还得侍奉久病在床年逾九秩的高堂老母，若无丁果仙人格魅力的历久弥坚的感召、艺术光华永世不灭的辉耀、至伟至真至善至美的人文精神的鼓舞和编创组全体成员对传承这种精神文明的历史使命的自觉担当，此套书的编写是绝不会如此顺当。

丁果仙的横空出世、辉耀艺坛，说到底，是天时、地利、人和的"奉天承运"、时势使然、地灵所钟、人望所归；绝非仗权贵颐使、骚客吹捧、自我膨胀所能如恒岳般亘立于三晋大地的。

草根编创组富有传奇性的编创生涯，如同传主丁果仙的艺术生涯，令人坚信清代杰出诗论家赵翼所言"江山代有才人出，各领风骚数百年"是对中华五千年文明传承的正确断言。只不过文明史的演进车轮是与时俱进加快转动的，而今而后，独领风骚未必会有数百年之久。但独领风骚的历史人物在丹青史册中终会名垂千秋的。

关于这套鸿篇巨制的诸多特色优长与其面世后将在省内外梨园界可能产生的社会影响，先我作序的山西省文化厅原厅长曲润海校友、原副厅长郭士星文友均高屋建瓴、言简意赅地给予了充分的赞誉评价。他们二位均属职司戏剧教化多年的专家学者型的领导，二位切中肯綮的评价，我深表赞同，毋庸赘为置喙。现仅对我视之为三卷合一的丁果仙"大传"的编创设计的匠心略陈管见一二。

毫无疑问，现定名为《春秋》卷之丁果仙主传是三卷书的主干。此著严格以时间为序，将丁氏自1909年降世后的现已揭破谜团的苦难身世，学艺练艺从艺的艰苦卓绝的奋进，由勇登晋中城乡的闯关打擂式的台口竞技演出中脱颖成名，成名后的不懈奋进而誉满省内外的巅峰攀越；及至抗战内战中的自保求存领班求活的颠扑困顿；直至解放后重见天日的掀髯放歌，纵情献艺；最终在"文革"浩劫中在劫难逃不幸早逝等一连串时近一个花甲子的风生水起波翻浪涌的人生旅程与演艺生涯，无不以传记文学的妙笔，真实生动、形象鲜明地记述描摹刻画下来。丁果仙这位近代晋剧史上第一个应运而生的坤伶须生大王，第一个德艺双馨、唱做双绝的艺坛泰斗，第一个开宗立派、桃李芳菲的梨园巨擘，其传奇人生光辉业绩，其喜怒哀乐七情六欲，其举手投足音容笑貌，几乎都可从作者大关节目不失真确、人事细节合情虚拟的既亲切朴实且富乡土草根气息的出色叙写中呼之即出。运笔的生动、真切、细腻，非我等一味在书本中讨生活的墨客所能为也。尤为可贵的是编创组里几位老作者，对丁果仙时代前后的世事变迁及山西的历史风云、社会生活、风土民情无不了然在胸，尤其对丁氏演艺活动当时的名优艺事、班社始末、梨园史话、曲坛掌故更是厚贮胸臆，一触灵府，便难自已，随笔展示。资料之丰厚，运笔之精细，可谓前所未见，视其为民国以降的晋剧名优之"录鬼簿"、晋剧班社之"梨园谱"、晋剧发展之"断代史"亦未尝不可。但是，由于该传涉笔的文化层面过广，枝叶长势过茂，在某种程度上消减冲淡了丁氏主传的主脑主旨；另一方面，传记的运笔，长于描述，疏于综合论析，因此，对丁氏艺术整体之理性评价略显薄弱。对此瑕不掩瑜的缺憾，编创组亦有所察觉并早有预案安排，加以弥补。在主传基本形成后，立即着手编写了《影行》卷、编选了《品评》卷，此两书作为主传《春秋》卷的两翼，同时付梓推出。《影行》卷由戏曲创作和编辑工作都有佳绩的华敏女士为编写之执牛耳者。《影行》卷取影随人行之意，将丁氏的生平与艺术人生行状集纳分类为四个层面或曰四个专题，以主传为据，采戏即人生、人生为戏之意，匠心独具，用戏曲体式分幕分场，幕前用诸宫调曲词启幕，幕落以下场对子作结，且以情韵不俗、文质相兼的笔调写出每幕每场连贯性的简约文字说明，相关的珍贵照片配置在相应的文字结点，作为直观可视的行文佐证。其中"芬华艺苑"一幕为重头戏，共分四场，占全书场次的十分之四，成为丁氏艺术生涯的集中凸现，匹配的舞台剧照，既多且珍贵，图文并茂地具现了丁氏的艺术人生与演艺成就。此卷庶可作为《春秋》卷的精练浓缩版读之。同样，《品评》卷，亦以主传提供的素材为据，主旨明确地精选了历来评论、品味、鉴赏、追忆丁氏的高尚人品、高超演技、卓越成就、宝贵遗产的有一定存留价值的文章，有识见地将旧文分类编排，有分寸地将同类文章中的可取处剪裁集纳，有针对性地另组新作拾遗补阙,如此这般,此本《品评》卷便以客观的具有历史性的诸人诸种的纷纭品评取代了编创者的饶舌,成为丁氏晋韵流芳的文墨丰碑,矗立于《春秋》卷主传的另一侧与其交相辉映。此三卷本《晋剧坤伶须生开宗泰斗丁果仙》,其规模之大,其内涵之丰,其现实与历史意义之深远真可谓光前裕后的当前艺苑罕见的大制作。编创者们的壮志壮举昭示三晋戏剧的同仁:只要俺们不甘坐视三晋剧坛的式微,只要俺们能如七老一样同心同德迎难而上,山西戏曲大省的昔日辉煌,或可重现于俺们的有生之年!

序幕

解谜

晋剧坤伶须生开宗泰斗丁果仙之

影行卷

[双调·庆富和]

解谜

天知地知不自知,一世迷离。

岂料痴人竟解谜。善矣!善矣!

"天知地知我知子知"这一古代四知名句尽人皆知，其故事也耳熟能详。

存在于天地之间且与我有关之事，"我知"当是天经地义，然偏有天知地知该我知而我却不知的事，这对一个人来说，恐怕是最为纠结的事了！

丁果仙这位名满三晋的晋剧坤伶须生开宗泰斗，一生都在纠结着这样一件我该知却直至离世都还不甚知的事，即：我是谁？我从哪里来？生我之父是谁？生我之母是谁？兄弟姐妹又是谁？何方人氏？有无亲故？有无邻里？……谜！谜！谜！

这个谜对丁大师是个谜，对山西乃至全国文艺界、戏剧行、众多戏迷同样是个谜。在记录丁大师的所有资料中都无法面对这个问题，也无法弄清这个问题。谜！

2013年来了，迎来了一位解谜之人——段兴旺。

段君生于1956年，山西省文水县南明阳人，缘于农家贫寒，只上过三年小学。十五岁开始学木工，20世纪80年代自办木器厂，至1996年渐成规模。后关厂定居太原。

他儿时就痴迷戏曲。本村与邻村唱戏必看，场场不落。长他二十一岁的大姐在太原钢铁厂工作，他每到假期就住姐家。姐给的零花

钱全部买票看了戏，有时也会找找老乡关系花钱买些剧照。他清晰地记得在和平剧院第一次看丁果仙的《芦花》，太迷人了！

年龄稍大些了，他对戏曲的痴迷越发浓烈了，凡与戏曲有关的人和事都深深地吸引着他。

小时候出于好奇，看戏时总要设法去后台看看，久而久之这已成了他的独特嗜好。这个嗜好可不得了了，让他发现了更大的戏剧天地。仅就记录在戏台墙壁上的各种文字笔题，就足足让他心驰神往了，什么演出班社、演出时间、演出剧目、演员阵容，像如今的演出海报一样；还有什么打油诗、顺口溜、戏评俚语、花边新闻等等，五花八门，丰富多彩，无奇不有。他要寻找那些不同年代不为人知的不平凡故事，他要探究那些藏在题壁后的奥秘。于是一时间寻找旧戏台、造访老戏迷成了他放不下的追求。

还好，有了办厂当老板赚来的可观现项，他便可随心所欲了。

先是遍寻文水县内的旧戏台，继而晋中、晋北、晋南和黄河沿岸村镇旧戏台都没放过。单洪洞县每年三月的庙会他就去过四五次，专为寻找那些旧戏台。

开始只能用依样画葫芦的办法，把题壁的排列顺序、排列位置照原样抄写在纸片上，以后有了照相机，就便捷多了。

这么多年，三百多个旧戏台的各种题壁尽收囊中，其中最为珍贵的要算20世纪70年代在文水县北辛店村的旧戏台上发现的乾隆时的题壁了。

除搜集到旧戏台的珍贵资料外，对晋剧班社以及各个时期的晋剧名家资料也搜集到很多。对晋剧班社可以从清代一直排到解放前后；对名演员更是穷追不舍，寻根究底，比如今的追星族辛苦多了，也真诚多了。先是找名演员照片，后是寻故里，张家口、呼和浩特、山西省多个县都曾留下他追星的艰辛足迹。为了弄清名角儿们的身世，访亲友、查家谱，甚至到坟前拍摄碑文。目前他搜集到的有关戏曲的各类照片足有五千张之多。

戏曲历史的厚重，让这位段君在痴迷戏曲的路上越走越坚实。如今他仍在曲折甚而坎坷的路上寻寻觅觅，从不停歇。

一直以来，全部外出开销，包括车船机旅、住宿餐饮、求人应酬、拍照冲印、购买资料等等，均自掏腰包，心甘情愿，从不计较，大有"毁家纾难"的精神和劲头。

就是这样一个戏痴，当他加入了为丁果仙立传的创作班子里时，开始了破解丁果仙身世之谜的旅途。

2013年4月28日，他登上了飞往宝岛台湾的航班，因为那里有丁大师的第一任丈夫冀午斋的长子冀鑫。为了顺利起见，此次赴台他特邀了前已寻访到的冀鑫的侄子冀虎升与他同行。

冀鑫出生于1919年，儿时曾与丁大师（他称丁大师姨娘）在一起生活过九年。丁大师视冀鑫为己出，关系甚密。段兴旺先生坚信：一定会从冀鑫处寻得破解丁大师身世之谜的蛛丝马迹。

事求遂，功求成。台湾之行真让段君从关闭一个世纪之久的丁果仙身世之谜的大门中看到了一丝光亮：她出生河北束鹿钱姓人家。这点少得可怜的线索，丁大师当年也设法寻找过，只是无果而终！

段君凭着一股"丈夫志，当景盛，耻疏闲"的劲头，决心抓住这一丝光亮不放，就从钱姓入手寻找丁大师的出生地。

2013年段兴旺（左）请冀虎升先生（右）作陪去台湾。冀虎升先生为丁果仙第一任丈夫冀午斋之孙。

专程去台湾造访冀鑫先生（右）。冀鑫先生为冀午斋之子，解放前夕到台湾定居。

冀鑫先生在台湾家中讲述儿时与丁果仙一起生活的那些事。

段兴旺先生从太原到石家庄，开启了解谜之旅。

误把获鹿当束鹿。

　　他直奔河北石家庄市，找束鹿误到获鹿，后得知早年束鹿已成今日辛集，便立即改道赴辛集，从辛集市公安户籍部门查得钱姓集中地要数王口镇了。再从王口镇查户籍找到钱姓集中的翰林庄村。

　　在翰林庄村受到村委会的热情接待，见到了村党支部全体成员。书记刘元郡和村委会召集钱姓年长者一起回忆座谈。村民钱日良说："听我父亲说过，我大爷1911年去世了，大娘没法生活就带着大妞、二妞，抱着儿子钱日水出去讨饭，回来时说把二妞卖了。钱日水是由我父亲照顾长大的。只是不知道把二妞卖到什么地方了！"

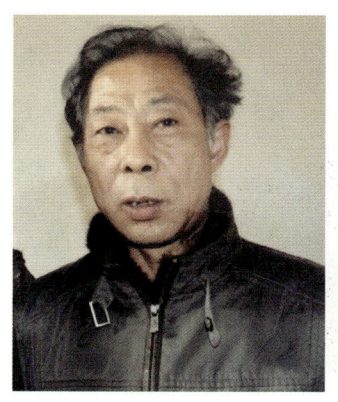

翰林庄村党支部书记刘元郡。

翰林庄村党支部成员出主意想办法找线索。

辛集市公安局帮助查找该地区钱姓人口集中的村镇——王口镇。

王口镇镇政府指点段兴旺先生到翰林庄村。

钱日水已于1993年离世。段君只能把希望寄托在钱日水的女儿钱秋灵那里了，哪怕是点点滴滴、丝丝缕缕呢！

钱秋灵现住辛集市。段君马不停蹄，出于急切不得不花二百元租车再回辛集。

钱秋灵回忆道："曾听父亲说，奶奶卖过一个女儿，就是我的二姑。但不知卖到哪里了。"还说："我大姑属马，1906年生人；二姑属鸡，1909年生人；我父亲属猪，1911年生人。爷爷去世了，奶奶只能带着三个孩子讨饭度日。为了面子，奶奶从不在本村乞讨，总是朝着太阳升起的方向走去，一定要走出十里之外才要饭，而且从来不说自己是哪个村的……我大姑长大后嫁到河北冀州市门庄乡门庄村，我们常有来往。大姑的女儿嫁了一个军官随部队安家到四川了。"

至此，新的问题出来了，二妞是丁大师吗？她如何从钱姓变为丁姓？段君又陷入新的无奈：二妞究竟被卖到哪儿了呢？线索在哪儿呢？

"奶奶讨饭时总是朝着太阳升起的方向走……"钱秋灵是这么说的，对啊，看来模拟一百年前二妞母亲讨饭时向东走的路线去寻找，是唯一的选择了。段君叫了出租车向着太阳升起的方向开去。赵家庄、魏西王村、西徐庄村、丁家庄村。"丁"！这个字的出现，霎时间让段君心荡神迷，心在胸腔中升腾着、升腾着，有一个声音在告诉自己：这里很有可能就是丁大师养父母的家乡。

丁果仙胞弟钱日水之女钱秋灵（左）。

丁果仙堂弟钱日良先生（左）。

丁果仙族弟钱炳春。

丁果仙出生在此院。

丁果仙本族钱文东先生（左），存有钱氏族谱。

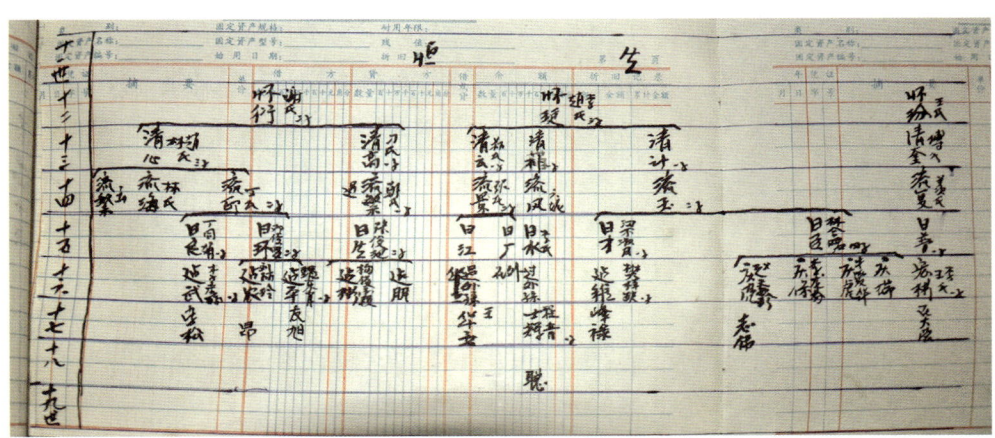

族谱中记载丁果仙生父钱流风，属钱十四世，母亲小名六妮，生有一子，取名钱日水。

丁家庄村属河北冀州市门家庄乡。

段君在村党支部书记丁俊海的帮助下,顺利找到丁家。经由丁大师的侄子丁俊泽回忆并叙述后,终于明白了当年的来龙去脉。

丁大师的生母六妮,于1912年秋带着三个孩子乞讨至丁家庄村时,一阵瓢泼大雨袭来,母亲忙把自己的衣服脱下盖住三个孩子,自己不慎滑倒,晕了过去。三个孩子哭天抢地的凄惨呼声惊扰了丁家老太太。丁老太太忙叫儿子把人抬回家中,喂热水、换衣服,一阵关怀抚慰。六妮醒过来了,跪求老太太:"救救孩子的命吧,我要卖一个孩子,要不回家都得饿死!"善良的丁老太太应允下来,以三十吊钱留下了小女儿,起名果果。

丁老太太的儿子丁凤鸣,已有一女两子,长女果红,1903年生人;长子成玉,1905年生人;次子成凯,1907年生人;如今又有了小女果果,1909年出生,正巧各差两岁。丁老太太心想:长孙丁成玉天生兔唇,恐日后长大不好娶妻,索性买此小女养一个未来长孙媳妇,何乐而不为!

谁料想当年冬天丁凤鸣老婆去世了,次年春丁凤鸣把三个亲生儿女留给丁老太太照料,自己领了果果到太原,住在斗鸡场,开了一个

段兴旺先生转赴丁家庄。

丁凤鸣之孙丁俊泽(左)。

丁家庄党支部书记丁俊海(左)。

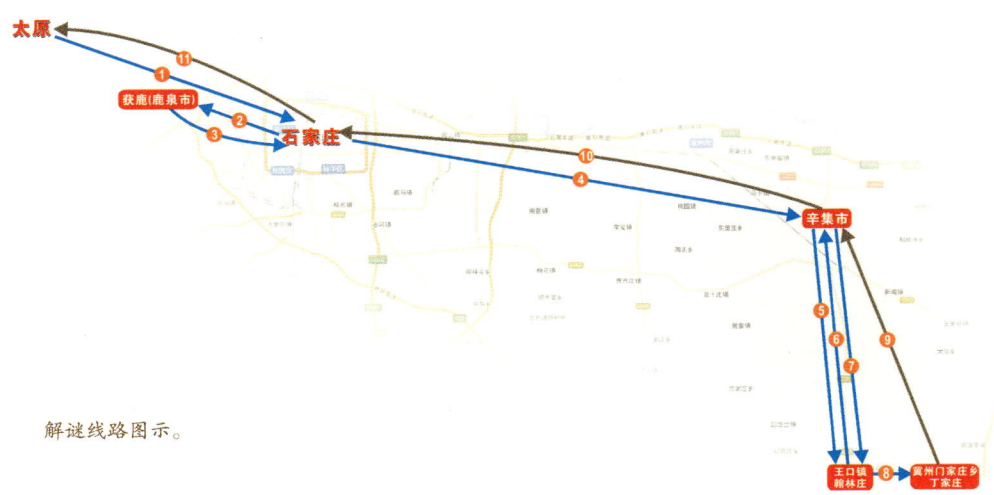

解谜线路图示。

杂货铺。不幸的是丁老太太不久也去世了。三个孩子急需丁凤鸣回家照管。丁凤鸣寻思:买下这小妞子到家短短几个月,媳妇和老娘相继去世,太不吉利了。心一横,索性把小果果转给堂弟丁凤章。

丁凤章在太原南郊郑村有一处院落,几亩地,还有一个熟皮子店。膝下一子,所以也想留下果果作童养媳。不料儿子八岁即夭亡,果果名正言顺成了丁家养女。

到此,一桩百年未解之谜,终于有了答案。

古语曰:"人生贵适志耳,富贵何为?"这不正是段兴旺君的写照吗?一辈子就爱戏,可以说四十年如一日,为戏献身,无怨无悔,乐在其中。为山西晋剧大师丁果仙寻解百年身世之谜,真可谓功不可没,功德无量。

丁大师在天之灵定是笑逐颜开了。她会用《屈原》剧中"乐莫乐兮心相知"的爽朗笑声回馈段兴旺君!会的!!一定会的!!!

下场对子:
大师美德垂曜后世送上崇信礼
泰斗艺高召唤百年迎来解谜人

第一幕

草芥童年

晋剧坤伶须生开宗泰斗丁果仙之

影行卷

[双调·折桂令]

七载艰辛

小人儿强担起离愁。人在丁家,心难滞留。

呼天无声,叫地不应,哪有方舟?

秋去秋回,度一载奴仆似狗;春来春往,经六年师授运筹。

天道悠悠,有勤相酬,无志则休。

世间一切都是不可更易的。小果果既已由钱家来到丁家，那么在丁家将要发生的任何变故，都得由她自己来面对了，虽然只有三岁，也别无选择。

一个多难的年代，普通百姓家会有什么好日子过？看上去，丁家老太太大发善心，解了果果妈妈的危难，也让二丫头有口饭吃，找个活命。但别忘记，丁家老太太是为自己唇裂的孙子收买了一个童养媳。

童养媳，一个深蕴苦难的称谓。既为童养媳，主家就会把你当一个人丁来使用，如同所谓的童工。在童养媳身上，"应该"二字完全失去了人性内涵，留下来的只有赤裸裸的理所应当。

小果果没了爹离开了娘，在这个完全陌生的家里当起了童养媳，意味着什么？艰辛！苦难！从早到晚，受人指使，铺床叠被，洒水扫院，搂柴火洗碗筷，管猪狗喂鸡鸭，干了干不了，都得干。一日三餐要看家里所有人的眼色，让你吃的才能吃，不让你吃的别想动，吃不饱是常事。稍有不慎，小的欺，老的骂，在这里哪有是非之分，是而非之，非而是之，猫丢了要找你，狗跑了叫你寻，你就是出气筒，你就是受气包。

凡遇走亲访友看大戏，小果果没有资格随行，只配留下来看家守院。在那个尚无电灯的年代，黑黢黢的偌大一幢院，瘆人啊！

试想，一个三四岁孩子的心，能盛得下多少辛酸？多少苦泪？

谁知，更大的变故又将降临。丁家婆婆、丁家奶奶在不到半年的时间里相继去世。丁家公公痛失母亲和妻子，向来不顾及家务的他，已经是方寸大乱，家里乱作一团，面对三个不成年的子女更是束手无策。一时间怨从心生，一股脑把气撒在小果果身上，认定是果果来家一年惹的祸：妨主货、讨债鬼、扫帚星。越想越气，越气越怒，于是下决心送走这个小恶煞神，一天也不能留在家里了。

怨废亲，怨废礼。丁凤鸣顾不得孝悌礼数，冲到堂弟丁凤章家，死乞白赖要把小果果塞给他。

丁凤章两口对堂兄的这种做法颇为不满，"己所不欲勿施于人"啊！

古人云"仁不轻绝，智不轻怨"，当初收养如今舍弃也太过轻率了。一个人绝非一个物件，怎能丢来弃去。

看看堂兄的嘴脸，再看看一旁的小果果，一阵体恤、怜悯之情掠过，丁凤章两口无奈地对视着，应允、接纳，小果果易主了。

丁凤章是个能人，秉性灵慧，不愿固守束鹿薄土，头年春去了山西太原府。途中认识了河北同乡、小他二十岁的刘凤翔，二人结为莫逆，并在太原府城东南三十里左近的郑村租地赁房，开始了自觉自愿离乡背井的耕作生活，倒也惬意。这次返乡专为来接家眷。独苗小儿不幸夭折，所以小果果的到来无疑也给两口平添了一份寄托、几分喜悦。当然也是小果果的万幸。但丁凤章时年四十八岁，妻子大他一岁。四岁的果果称丁凤章夫妇为养父母，年龄大不相配，于是从此以爷爷奶奶相称。

对于丁凤章夫妇接纳果果事，正应了那句"时来天地皆同力"的话。

丁奶奶从未出过远门，不清楚外面世界的变化，固守着"三从四德"的妇人之道，女孩儿裹足、做女红是天经地义。果果既已成为自家的孩子，就必须为她日后负责，粗手大脚如何嫁得出去？看来白居易"人生莫作妇人身，百年苦乐由他人"的喟叹，真可谓绝唱了！

小果果在爷爷奶奶的呵护下，逐渐显露本属于自己的天性：倔强、奔放、不服输，有几分男孩子气。对奶奶的管束心里是不乐意的。但足裹了，女红却说啥也不学了！爷爷心疼小孙女，不是领着下地，让她尽情撒欢，就是领着上街游逛见世面。当然丁凤章也在见世面。

果果五岁那年，家里来了比自己长三岁的姐姐兰兰，次年丁爷爷在路边又捡得一男婴，取名丁增旺。

如今的丁凤章真是陶陶然乐在其中了。但丁凤章绝不会安于土地，他是个得陇望蜀的人，在他那里只有顿号没有句号，随时都会有新奇的思路出现。何况面对果果兰兰一双渐渐长大的孙女，不能白白养大嫁人，他绝不做划不来的买卖！

在那个年代，女孩儿的出路除了正常嫁人之外，留下来的就是乞讨、卖艺、当娼妓了。丁爷爷当然不会让两个女娃走此下路。

1915年秋的一天，他得知太原府奶生堂有个女子娃娃戏科班，这消息对于他来

相关链接

太原市城东南三十里的郑村，是丁凤章民国初年（1912）来太原时居住的村庄。

那年丁凤章与路遇同行的老乡刘凤翔义结忘年金兰，来郑村租地租房定居下来。第二年丁凤章接来老伴和果果，之后刘凤翔也从河北接来妻子，同住此院。

丁、刘两家相扶相伴，关系十分融洽，如同一家人。六十多年的相处，不是亲眷胜似亲眷……

郑村旧居院落，但这已是从1913年至今几经改建、修葺后的样子。

说犹如旱禾得甘霖，立即行动，不容一刻迟缓。没承想这一来，事情真就顺利地办妥了，次日便送兰兰、果果来到戏科班。他此刻似乎已经看到两个娃娃学成后名利双收的前景……

戏科班只有三个老师，要应付百十个孩子。丁凤章索性做了戏科班的义务帮工，一来照料自家的两个孩子，二来学些唱戏的常识，一举两得，何乐而不为。反正家里有老伴，地里有年轻伙伴刘凤翔，两个人全权管理，自己落得个轻松自在。

行内向来把学戏称打戏，"打戏，打戏，不打不成器"，戏科班当然也不例外。经过一年多的严厉甚至近乎野蛮的训练传授后，真还排出了不少剧目，足够三天六场甚而九场的演出，仅兰兰果果姐妹俩的对儿戏就有：《合凤裙》《七星庙》《双锁山》《杀院》《汾河湾》《拾玉镯》等多出。看来这个娃娃班完全有能力找个台口亮亮相了。

人称"十二能"的丁凤章此时正充当跑外交卖台口的专人。

1917年正月十五戏科班第一次登台演出在榆次千户大村郭家堡。打炮戏《拾金》《大赐福》《黄金台》，果果分别饰花儿、天官、乐毅，红黑生旦丑唱了个满堂彩。老举人郭二先生是县里知名的乡绅，观戏后不禁满怀激情赋诗赞颂，这真成了戏科班的金字招牌，接下来真有几个好台口让娃娃们真真儿地锻炼了一番。

郭二先生赋诗：

一群娇娃不知名，按板依腔唱曼声。
妙曲合当天上有，人间难得几回闻。
万人争看小女班，不到甗瓺信亦难。
尤爱果果满台串，旦生丑净浑非凡。

奶生堂戏科班武生老师高祥云，曾为慈禧保镖，后被聘为太原市戏剧学校教师。

相关链接

奶生堂，位于太原督军府西南不足一里的小巷内。

清道光年间，这里曾设置育婴堂，收养被遗弃的幼婴，属慈善机构，故取名奶生堂。

1914年在奶生堂街北端的猪耳朵巷内创办了戏科班，把只有养育功能的育婴机构，升华为培养弃儿们具有生存就业能力的戏剧科班，实属"授之以渔"的扶困济世的实践。

以女子为主的奶生堂娃娃戏科班是山西梆子历史上一个创举。

当时老师只有三位：顺保师傅、堆儿红师傅、高祥云。

兰兰、果果在这里开始了自己的学艺生涯。

这里是当年奶生堂女子娃娃戏科班的旧址，现为山西戏剧职业学院。

好景不长，一次白喉瘟疫的灾难，娃娃班解散了。

丁凤章认定两个孙女儿还得继续学戏，不能让看到的希望化为泡影，必须因事制宜，当机立断。经顺保师傅引荐撮合，聘得孙竹林师傅到家教戏，恰如今天的家教。这里不得不让人赞赏丁凤章的智者善谋。

孙竹林师傅诲人不倦，尽心尽责；两个徒弟兰兰、果果也从不懈怠。

果果怎么也不会忘记小时候丁爷爷带她第一次看戏的情景，从那时起她就深深地爱上了唱戏。娃娃戏科班的学习，几个台口的登台亮相，她更认准了这条唱戏的路子就是自己要走的路，更何况还有丁爷爷如此的抬爱和安排，学艺也因此而更加发奋。

从此晨曦中的海子边多了稚嫩的喊嗓声；文瀛湖畔多了压腿、扳腿、撕腿、踢腿、跑圆场、拉山膀的多姿身影；三圣庵的小小院落成了翻筋斗、拿大顶、踢飞脚、拧旋子、扫堂腿的练艺场；连夜里睡觉都拒绝与枕头为伴，以腿为枕，翻身左右交替练软功……

相关链接

孙竹林，1889年生。山西榆次什贴人。自幼跟着戏班跑，非唱戏不可，瞒着家里自卖本身到平遥尹二少办的小祝丰园娃娃班。得王庆娃师傅等名家真传，功底扎实，嗓音宏厚，梆板清楚，节奏稳准，登台不久便赢得"太平红"赞誉。

不幸年轻不懂护嗓，嗓子被厌，只得改学京剧武行，倒落得文武兼备，做派规矩。后嗓音有所恢复，咬字清，韵味浓，且很善于刻画人物。但在戏班难挂头牌，故多应聘施教，收徒授艺。经顺保师傅介绍，与顺保一起到丁凤章家，对果果、兰兰进行严格训练。

1952年全家住太原城北三给村。1954年丁果仙将师父请进太原市戏曲训练班任教。全家搬进丁果仙天地坛院内南房居住。1959年丁果仙资助师父在通顺巷买得住房。

1962年10月离世，享年七十三岁，育有四女，秀文、秀英、秀娥、秀春。

1968年老伴离世，由徒弟丁果仙操办合葬于大女婿所在的亲贤村墓地。

丁果仙师傅孙竹林20世纪50年代留影。
（选自《晋韵流芳》）

海子边一角。
（选自《太原——纪念太原解放四十周年》）

相关链接

海子边即今天的文瀛公园。20世纪初，这里湖水泛绿，孑孓游动，夏日散发着臭气，湖边坑洼不平，杂草丛生。但因这里空旷人稀，便成了当时戏曲艺人们早晨喊嗓练功的首选之地。随爷爷奶奶移居在三圣庵的小果果也不例外。

三圣庵，原有一座尼姑道场，供奉三圣。民国时，早已没有了庵院，变成一片低矮的居民区。这里东靠海子边，西邻开化寺，北面不远就是泰山庙，是当时人口密集的繁华商业区。

面对师傅严厉的训骂、抽打，梆子敲，板楗杵，果果咬钉嚼铁，无怨无尤，晨夜屑屑，寒暑勤勤。苦难的孩子成熟早啊！

半年工夫，果果兰兰真有长足的长进，于是师傅带着出入多个票儿班，米市同济馆是常去的地方。在那里访名票，听行道，唱票儿，见世面，是很不错的实践。之后到开化寺打地摊干板清唱，和围观的人直接互动，更是长了不少见识。接下来泰山庙席棚化妆服饰登台演戏，一出《花子拾金》频频博彩，《游花园》《赐环》《七星庙》《花亭》《双锁山》等，出出精彩，叫好不迭。

"山西梆子出了个女唱红的"，消息不胫而走。泰山庙红了果果。

20世纪80年代的泰山庙太原市副食品市场。（选自《晋商古韵〈老字号〉》）

相关链接

泰山庙，地处钟楼街繁华闹市的北侧。早在明清之际，这里有座泰山庙，每天到庙里观光朝拜的人络绎不绝，还有耍猴卖艺的，搭席棚唱戏的，颇有北京天桥味道。于是泰山庙连同它北边的酱园巷、察院后就成为当时太原的一处商贾云集、名特食品荟萃、物贸流通、顾客穿梭的大市场。

当年果果在这里席棚卖小唱，化妆登台，与姐姐兰兰合演《游花园》《合凤裙》，特别是她演的独角戏《拾金》，把一个乞丐拾到金子的狂喜，表演得惟妙惟肖，装甚像甚，学谁像谁。

20世纪80年代泰山庙太原市副食品市场的繁华景象。（选自《晋商古韵〈老字号〉》）

严师出高徒。功夫不负有心人。必然迎来不虞之誉!

丁果仙在她回忆小时候学艺时的文章中这样写道:"每天早上,天还黑黢黢的,我就去海子边喊嗓去了,路上冷得不行,我一溜小跑以预防严冬的寒气。由于日久,在杂草丛生的东海子边踩出了一条小路。我喊嗓子,最初用低音,逐步增到最高音。喊得热了,就解去一圈围巾;再热,就再解去一圈围巾,以至丈把长的围巾完全解去,挂在树上。之后我爬到高坡上或树枝上去喊。汗水湿透衣衫,冷风吹来,阵阵刺骨,

相关链接

开化市,得名于开化寺。其寺宋代已有记载,创建年代已无法考证。明正统年间在寺院正门前见一写有"敕赐开化禅林"字样的牌坊,于是人们把这座寺院称为开化寺。

民国初年开化寺的北部被辟为市场,称"共和市场",店铺林立,商业繁华,曾有"太原大栅栏"之称。之后拆庙改建,成为一个综合性的市场。市场东面有新化舞台和大众剧院。

市场几经更名,后来又尊重老百姓传统称谓,恢复开化市名称。

小果果曾在这里打地摊,干板清唱,卖艺挣钱。

20世纪60年代的开化市。(选自《晋商古韵〈老字号〉》)

我就用《杀狗》中的哆哆嗦嗦的动作配合着练。这样练出来的嗓子能软能硬，不容易坏。"

从这段回忆中，我们仿佛看到那个瘦弱的小女孩在凛冽寒风中的身影，那稚嫩的然而是高扬的喊嗓子声似乎就在我们耳畔悠悠飘荡。

海子边留下了一个成才者的孤独、挣扎和忧伤，更留下了不屈不挠的坚强。

常言说得好，疾风知劲草，草芥可成材！

下场对子：
雪冷霜严倚丁爷果果兰兰相濡沫
日迟风疾仗孙师坎坎坷坷尽争先

第二幕

芬华艺苑

晋剧坤伶须生开宗泰斗丁果仙之

影行卷

[中吕·普天乐]

生命季节

天地合,人海阔,问人生几何?由己评说。

夏炎炎,冬瑟瑟,秋月春华皆抛舍。

看清荣辱清浊。韶光有色,如歌岁月,岂任蹉跎!

第一场　黄金季

时间：一九二〇年 至 一九二四年

搭班荣梨园时期的丁步云。

[中吕·喜春来] 黄金季

游目骋怀开眼界，名戏名角初领略。
学戏悟道灵犀觉。
得意耶！勤恪心更切！

　　孙竹林师傅知道，果果兰兰两个徒弟的技艺和年龄都该是搭班唱戏的时候了，丁凤章更想让两雏鸟早出窝快挣钱，于是二人领着小姐俩到晋中一带考察，从众多班社中选得当时号称晋中第一班的清源孟封荣梨园。

　　那个年代，搭班唱戏是要有门路的。凭着孙师傅和荣梨园承事三儿生的熟络关系，丁凤章送上备好的四色礼，承事考察了姐俩的技艺，遂答应向班主推荐，但官名一定要有，果果追慕盖天红王步云已久，故取名丁步云，兰兰则随妹妹取名丁巧云。

　　三儿生从步云长相、身段、喷口、做派建议她专攻须生，不承想，这一点与步云本人和丁凤章不谋而合。步云早想由旦改红，她不喜欢扭扭捏捏的旦角；丁凤章则深知行情，眼下山西梆子尚无女唱红的，这可是商机呀，步云能唱红，前途无量。于是步云改攻须生，巧云仍攻旦角。

全新的生活让步云十分惬意，开心极了。

在泰山庙就具备了学谁像谁本领的果果，如今进入了这大戏班，自己也有了响当当的名号——丁步云，虽说刚来没有见到自己追慕已久的盖天红王步云，但这里名家荟萃，不愁没有好好学习的机会。

比她年龄稍长的"二女子"最让她羡慕，这位叫王桂香的旦角是当之无愧的山西梆子首批女艺人之翘楚。《明公断》《桑园会》《满床笏》出出戏都看不够。那扮相那嗓子，腿功腰功把子功毯子功，样样超群。

还有大姐姐田淑珍，也是少见的女旦角，演戏声情并茂，《永寿庵》《回龙阁》等戏中人物，刻画细腻，动情感人，让人折服。

筱桂桃师出筱吉仙，更是出类拔萃，三儿生屈驾配演《双锁山》《红霞光》等戏，足见其分量。

除女角之外，更有出众男伶。

萧名亮，山西榆次马村人，开始在平定学艺，初攻武生后改花脸。身材魁梧，脸方额大，嗓音雄浑，虎音霸道，如雷贯耳。擅演《荀家滩》之王彦章，额上画一金蛙，口能开合，爪会跳动，兼之乱弹赢人，故得"彦章黑"的艺名。

他常演的剧目还有《沙陀国》《明公断》《赤桑镇》《李陵碑》《匕首剑》《鸡家山》《打渔杀家》等，也皆闻名剧界。戏迷们还亲切地送他"马村黑""南关黑""富蛮黑""碰

彦章黑在《李陵碑》中饰杨老令公。

碑黑""九声雷"等多个艺名，艺名之多冠盖同行。更有长本事不长脾气的美誉。

德艺双馨的十三红张锦云，河北宣化人。师承金大丑，颇得真传。他底功扎实，身段讲究，扮相端庄，双眸有神；嗓音浑厚，韵味十足，腔调婉转，尺寸准确；表演认真，且有马鞭、髯口、帽翅、梢子、靴子等特技绝活。戏路宽，能戏多，他的《金沙滩》《鸡鸣山》《观阵》《杀府》《走山》《五雷阵》《出棠邑》等，都是小步云看不够的戏，他是当时公认的须生第一把交椅。他厚德谦和，无私助人，治艺严谨的精神，步云看在眼里，深深地刻在心上。他中年搭班荣梨园、万福园，边演戏边授徒，培养出不少弟子，文水郭云山、平遥李二只、徐沟韩俊山、灵石阎贵锁，都被誉为小十三红，他为中路梆子发展做出了不可磨灭的贡献。

毛毛旦更是小步云崇拜的长辈，毛毛旦也喜欢小步云的勤学好问，两人台上台下，如影随形。毛毛旦练功喊嗓，她也练功喊嗓，毛毛旦换台口不坐车步行练功，她也步行练功。跟随毛毛旦看了不少名家名戏。言传高艺，行树厚德。

相关链接

王云山（1884—1946），艺名毛毛旦，清末民初誉满剧坛的中路梆子著名小旦演员。原籍山西省汾阳县冀村。幼年家贫，卖给了娃娃班学唱戏，启蒙师傅九成旦。出科后随师傅北上张家口，在口外唱红，大约在二十岁左右回到晋中，搭上下聚梨园。民国年间曾搭孟封荣梨园。

毛毛旦有一副得天独厚的好嗓门，真嗓和二音都很突出，吐字真切，行腔委婉，拖腔如细水长流。而且跷功特好，为了练好跷功，赶台口时有车不坐，跟在轿车后走一路练一路。

他擅长演悲剧，他和天贵旦王春元合演的《捡柴》《六月雪》等剧目，在广大戏迷中留下了不朽称颂，并尊称他们是"天贵娘娘""毛毛旦姑姑"。当时民间流传有："宁可跑得吐了血，也不能误了毛毛旦的《六月雪》。"

（选自《晋韵流芳》）

毛毛旦与观小生演出《虹霓关》剧照。

三儿生更是让她敬畏不迭。他饰演《土祖庙》的郑兴郎、《黄鹤楼》的周瑜、《宁武关》的周遇吉，一招一式俱见功夫，还有《折桂斧》《少华山》《和氏璧》等，都是百看不厌的好戏，誉之为山西梆子小生泰斗，当之无愧。加之三儿生是荣梨园承事，又有孙师傅的嘱托，所以对小步云格外关照，也就多了一些指教，让小步云懂得了不少梨园行做人处事的规矩。

相关链接

孟珍卿，艺名三儿生，小名三儿。太原县武家庄人。1871年生人，属羊。幼年入科徐沟县清源乡东罗村小梨园娃娃班，师承寇准生。出科后入锦梨园，得丑毛生真传，崭露头角。班主刘臭三请他做了荣梨园承事。

他聪明好学，苦练勤钻，文武昆乱不挡，技艺全面，出类拔萃。戏路宽，人缘好。与当时业界名流几乎都有同台演出的经历。

（选自《清徐晋剧史话》）

荣梨园的三年时间，虽说戏没轮上多演，也就演个帽儿戏小折子戏，但学艺做人的长足进步却是不可低估的。古人云："凡百事之成也，必在敬之；其败也，必在慢之。"小步云爱戏敬戏，从不惰怠，她爱之切，练之勤，思之深，悟之达，人生正处无忧无虑的黄金年龄，恰逢这难得的黄金班社，小步云幸也！

丁果仙在《谈谈我的唱腔》一文中，曾这样回忆她在荣梨园学艺的经历："我小时候嗓子好使，学谁像谁，学什么声音像什么声音，甚至能模拟出胡呼的声音、唢呐和三弦的声音。十岁在太原唱票儿的时候，就能学盖天红、毛毛旦等名演员的唱腔，而且学得很像。凡是有名的演员，听了就学，学了就唱，小生的学，旦角的也学。十一岁搭了班，和一声雷、天贵旦、一点红、两点红、自来香等在一起，有工夫就听他们唱。有时候唱完了自己的戏，顾不得洗脸卸妆，就爬到化妆桌子底下悄悄去听人家唱。因为桌子底下不碍事，不至挨骂。以后又想出了一个窍门，和拉胡呼的说好，坐在他桌子底下，不但能听到，还能看呢。听了看了就私下里去哼，低声哼不解决问题，清早到野地里喊嗓子时就高声唱。自己唱的时候，没准儿就学这个一句，仿那个两句。《花子拾金》就是这么唱出来的。"活脱脱一个小精灵，钻在桌子下面吸金的小精灵，正如她在日后总结自己学艺诀窍时所说的那样："常言道'耳听五音，目观五色'，声音和眼睛似乎是两不相关的，因此通常学唱，只是耳听口习，就忘记了眼睛。其实用眼学唱是十分重要的，所谓用眼就是用眼观察'喉、舌、齿、牙、唇'的发声部位和'开、齐、合、撮'的发音方法。由此就可以抓住人家行腔吐字的生理特点，把无形的声音变成有形的可捉摸的东西。"

这就是一个人成功秘诀的具体诠释，即一个人天资聪颖固然重要，但后天的勤奋好学更重要。且这好学还必须会学，要会学说到底是用心学，也就是人们常说的"心心不停，念念不住"。

小步云在荣梨园见名人了，长见识了，知行道了。一株剧坛嫩芽，如果说在泰山庙唱席棚是破土而出的话，那么在这里该是雨旸时若，长势惊人了。

《蝴蝶梦》中饰演田云山。

第二场 收获季

时间:一九二四年 至 一九二七年

搭班众梨园时期的丁步云。

[中吕·普天乐]收获季

众梨园,极意地。风搅雪班,兼容并蓄。
《拾金》趣,《斩子》誉,志坚艺高便无惧。
生就的戏苗子胆大心细,台上台下,戏外戏里,德艺齐积。

　　三光子看准了丁家女伶的潜力,特别是唱红的丁步云。遂与丁凤章义结金兰,借荣梨园冬季封箱之际,以入股的形式吸引丁家加入众梨园。

　　众梨园是人们常说的风搅雪的草台破锣班。

　　风搅雪指既演传统大戏,又唱秧歌小曲。至于破锣班,虽说其名不雅,但无丝毫贬义。早在清末,鱼儿红和玉印黑二位师傅为了维系班社的生计,曾采取班社成员不拿劳金,挣多多分、挣少少分的办法,来一个破锣大家敲,取名破锣班。这是晋剧发展史上的一大创举,是大胆的体制改革,反映出老艺人团结互助共渡难关的传统美德。

　　三光子采取破锣班的做法,承起了众梨园。不发包薪,把每个人的生活费打足之后进行分配,艺高的多挣,艺差的少挣,唱得多的多分,唱得少的少分,充分体

相关链接

申鑫，艺名飞毛腿，乳名三光子。众梨园班主。山西省祁县城西五里城赵人。其父申彦士，世代农家，生有四子。申鑫自幼聪明过人，在同辈中出类拔萃，为改换门庭光宗耀祖，自力更生办起木匠铺。他不以此为满足，看到山西梆子班社如雨后春笋时，便觉得有利可图，尽管自己毫无艺术细胞，管他呢，别人能干，咱为什么不能干？于是凭着一股热血，办起了众梨园——风搅雪的破锣班。

现了能者多劳，多劳多得的公平原则。众梨园后改为聚梨园。

步云进入众梨园，名义上虽挂头牌，却不能真扛大梁。凭着初生牛犊不怕虎的冲劲，让她演啥她就演啥，让她学谁她就学谁，而且唱啥啥红，从来没有演砸过。师傅们都喜欢她，夸她是满窝里串。于是越演胆子越大，越唱心里越爽。她像一只出笼的小鸟，任性飞翔。

她一向很自信，却从未自满过，她懂得"败莫大于不自知"的道理，对众梨园的老师傅篓头红、疙瘩红等十分敬重。疙瘩红，山西北路人，唱起来有点像北路梆子，又不全是，由此看出早期山西梆子尚未完全定型的痕迹，后又学唱秧歌。篓头红，程姓，小名篓头儿，山西太谷朝阳人，原本和父亲一起唱秧歌，半路改唱大戏，声浑厚，好喷口，真假嗓偷换巧妙，人品随和，能戏很多，戏迷公认其为满嘴秧歌满肚戏。疙瘩红和篓头红是众梨园的老师傅，是戏班里真正挂头牌的演员。

众梨园风搅雪的特点，要求每个演员不仅要懂得演大戏的规矩，更要有唱秧歌小曲的灵活。台上台下的互动，又必须具备了解观众好恶、有即兴创作的能力和素质。

人常说本领是逼出来的。当她有了更多的实践机会时，真正领悟到只有真本领、只有超人的技艺、只有勤学苦练、只有兼收并蓄、才

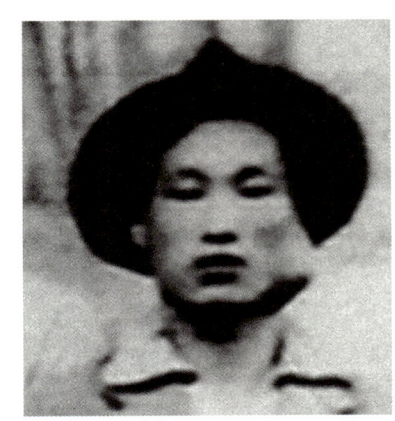

众梨园师傅疙瘩红。

能厚积薄发，在这方神圣的舞台上争得一席不败之地。

这期间，她的《花子拾金》红遍了晋中大地，与名角合演《斩子》也崭露头角，技高一筹，众梨园也因她而不再乏力难撑。

一出《花子拾金》，让小果果唱红了泰山庙，还是这出《花子拾金》，让小步云唱红了晋中大地。那个年代，谁不会哼唱两句"大刘流、二刘流"，可见流行之广。其实《花子拾金》（也称《拾金》）就是一出独角儿的反串丑角戏，是一个头顶破毡帽、身遮半幅粗布裙、眉宇眼间画一块白豆腐、腋夹破砂锅、手提打狗棍的乞丐，二性突辘子上场后一段别具韵味的"表刘流"，让人忍俊不禁：

> 那一天我去到大街上游，
> 大街上遇见了两个刘流。
> 大刘流赶着一群牛，
> 二刘流他担着二篓香油。
> 大刘流他的牛惊跑，
> 碰倒了二刘流的两篓香油。
> 二刘流气恨不过将他骂，
> 直骂得大刘流满脸害羞。
> 大刘流手执皮鞭将他打，
> 直打得二刘流头破血流。
> 二刘流去到公堂上告，
> 那坐堂的大老爷他也是姓刘。
> 刘老爷吩咐刘班首，
> 快去到刘家庄去捉那刘流。
> 将刘流抓到公堂上，
> 责打他六千六百六十六板六——
> 直打得那大刘流顺腿血流。
> 正行走来用目看——
> 也不知甚东西把我一绊——（做绊倒趔趄状）

《花子拾金》插图。 刘伟／画

拾到金子的花子，喜出望外，难以自己，于是便自说自话地表演起戏中戏来。

小步云充分展示了她模仿能力的优势，不分生旦净丑，学谁是谁。她能把毛毛旦（小旦）、天贵旦（青衣）、三儿生（小生）三位当红名角合演的《捡柴》一顶三演得像模像样。更能适应当时戏场沸腾的互动，观众此起彼伏的吆喝声"再来一段三儿生的《折桂斧》，再来一段一声雷的《明公断》，再来一段秧歌《卖高低》……"，她都一一应对，叫唱谁就唱谁，叫学谁就学谁。

观众被小步云征服了，小步云也因此而声名大震。

丁果仙学艺阶段和从艺的前期，正是晋剧发展史上的一个鼎盛时期，商贾们组建的班社与农民的自乐班活跃在城乡之中，三晋商业文化的辉煌，造就了近代晋剧的辉煌。先后涌现了一批不同流派、不同风格的有独到艺术成就的著名演员。

著名前辈艺人的艺术造诣为丁果仙的成长提供了丰富的养料。

胸有大志又虚怀若谷的丁果仙，凭着她好学钻研的精神，特别是高超的模仿吸收能力，把许多前辈和同时代艺人的专长一点一滴地学到了手。学到对她来说仅仅是第一步，如何化为己用才是最重要的。丁果仙"化"的功夫了得，她在以后《谈谈我的唱腔》一文中曾这样写道："起初学盖天红，唱了几年只知道唱得很出力，讨不得巧，唱一出戏淌一身汗，没有别的。后来我明白了：他单凭嗓子不易够上调，不得不用中气。而我嗓子够用，很自如，为什么要拼命呢？各人有各人的条件，不能硬学。之后我试着用自己的嗓子而行盖腔，好多了，观众也满意。"

又"盖天红用中音保住了他的塌调，顾不上唇齿舌喉牙的运用"，所以"嘴巴不出字"，"当我不再硬学后，我的唇齿舌喉牙解放了，所以我唱得就清楚了"。

又"盖天红人称'哇哇腔'，每行腔必带'哇哇'，这样便把一个完整的句子给'哇哇'乱了，妨碍观众接受唱词的内容含义。以后我便去了'哇哇'，只用他的腔调，让字尾在行腔中送完，好多了"。

丁果仙从孩童时期在泰山庙初识假盖天红时的激情，到后来又与真盖天红王步云同台演出,连自己的名字都取步云,足见其对盖天红的仰慕之深切,但她从不以学像为最终目标,而是在实践中一点一滴地体验,真正化他为己,这里我们不难看出,一个成功者在成长中的跋涉,我们仿佛听到跋涉者脚步的铿然之声,令人折服!令人敬佩!

  这一时期,练就了她顽强坚韧,无所畏惧,大胆泼辣,拼搏奋进的戏痴精神,不能不承认这当是丁步云艺术道路上的奠基与初获丰收的季节。

丁果仙(左1)与祁县晋商渠家女眷合影。(阎昆荣收藏)

《捉放曹》中饰演陈宫。

第三场 沧桑季

时间:一九二八年 至 一九四九年

搭班锦艺园时期的丁步云。

[越调·小桃红] 沧桑季

时势难料多变故,孰能只踟蹰。
劳倦罢极千般苦,不在乎,只为生计相与谋。
人生俯仰,处事待物,德艺两不输。

　　三光子眼光是准的,丁步云果不负其辛劳,在众梨园唱红了。山西梆子舞台上女唱红的独此一人。
　　三光子当然会趁时乘势把众梨园推上一个新台阶。于是想方设法结识了上通下达、左右逢源的太谷包税官冀午斋。
　　冀午斋岂能看上二三流的破锣班。他是个雄心勃勃的人,不办则已,办则求全。凭着他的社会能量,从朋友那里接过锦霓园。锦霓园,系太谷县杨成斋于光绪六年创办,曾参加山西梆子戏剧史上一次大盛会即山西巡抚张之洞组织的"六大班"(锦霓园、众梨园、双梨园、双林园、全胜和、大音会)省城会演,赢得好评。
　　杨成斋酷爱戏曲,不仅自己迷戏,所生三子也皆成为行家里手。子承父业,杨大少接手锦霓园,二少、三少分别自办二、三锦霓园。

冀午斋，1928年锦艺园班主。

民国十七年锦霓园转让冀午斋。

冀午斋生于1887年，山西省平遥县小胡村人，世代农家。父亲冀顺魁，生有五子：凤仪、凤歧、凤山、凤池、凤杨。冀午斋是老大。因中午吃饭时所生，取名午斋，附庸风雅后改谐音舞斋，官名凤仪，字向南。在十六个堂兄弟中排行第二，故人们都称他二哥。

全家一亩六分地，五间土房，人多地少，生活艰难。十八岁那年，只念过三冬私塾的他，不甘于面朝黄土背朝天的生活，辞别父母外出谋生。在太谷县大财东孟兴让家找到磨坊当面倌的活计，一干就是十三年。孟掌柜看他靠得住，有出息，调他到粮店门市当了小掌柜。

三十一岁与平遥曹村二十二岁的段振英成婚。五年时光，接连生得四子，请老东家取了吉祥名字，按五行排列：鑫、森、淼、焱。

东家孟兴让当了太谷县包税人，让他打下手，护驾跑腿两年。后举荐他当了徐沟县包税人。孟兴让由太谷去文水后，他又顶了这个空缺，当上了太谷县的包税人。

他出身贫苦农家，发迹也算顺风顺水，在商界混迹多年，精通人情世故，深谙舍得哲理，颇能仗义疏财，口碑甚好。

包税人的特殊位置，少不了与梨园行请客应酬等诸多接触。对于三光子、丁凤章这样的班社来说，更少不了上通下达八面圆融的人，求助于他是常有的事。

冀午斋接手锦霓园后，一心要打造一个一流班社，先从三光子众梨园挖过丁家姐妹，之后把当时名角天贵旦王春元、盖天红王步云、狮子黑乔国瑞、三儿生孟珍卿、奴子生温兆林、秃儿旦郭栋梁、名丑王福义、新人刘芝兰尽收麾下，又不惜重金从河北请回邱德才、邱凤英、邱树山全武行一大家，至此，三大门、三小门以及全武行的行当齐全、名家荟萃、实力雄厚的班社建成了。将锦霓园改名锦艺园，请武德胜做班社承事。

太谷县城内大巷三号院锦艺园旧址。这里本为锦艺园股东孟兴让家。

锦艺园名家齐聚

（选自《清徐晋剧史话》）

相关链接

王春元（1876—1930），艺名天贵旦，乳名天贵儿。九岁入徐沟东罗村小梨园科班学戏。出科后又得名师红菊花真传实教，他广撷博采，技艺日进，在唱腔上创造了新颖别致、起伏跌宕的"嗨嗨腔"，久传不衰。

他的代表作有：《鲛绡帕》《春秋配》《打雁》《血手印》。

晚年办票社，执教授艺，为中路梆子培养了不少名票。

相关链接

王步云（1883—1943），艺名盖天红，乳名关顺。原籍山西省祁县西磨支村，故亦称"磨支红"。十多岁时父亲病逝，随母改嫁到王答村。十三岁时进入喜盛园娃娃班学艺，攻须生。

他中等身材，五官端正，嗓音好，唱腔刚劲洪亮，清脆婉转，带有童音特点，至老不衰，观众送他响亮的艺名——"盖天红"。

他的唱腔与众不同，习惯于用高音抒发情感，在慢板唱法上独创一派。一生擅长唱功戏，《下河东》《斩子》《金水桥》《打金枝》《芦花》等是他常演的剧目。

（选自《清徐晋剧史话》）

相关链接

乔国瑞,艺名狮子黑,乳名根林。这是一位有志向有毅力的著名花脸演员。他状貌魁伟,天庭开阔,双目炯炯有神,不怒而威。生性诚直耿介,为人宽厚,大家尊称根林师傅。

应工大花脸,兼演二净。戏路很宽。在《沙陀国》《炮烙柱》《捉放曹》《鸡家山》《凤仪亭》等剧目中,塑造了一个个栩栩如生、性格迥异的人物,出神入化,感人至深。

为了贯通昆曲,追随河津焦大娃边学边演,不取分文,用一年工夫获得《功宴》《草坡》《嫁女》等亲传。

先后入禄梨园、自诚园、双福庆等名班,声望日著。

冀午斋屈驾三顾,请进锦艺园,特赠骏马一匹专用。

1935年,狮子黑在北京广德楼戏院演出晋昆《嫁妹》,饰钟馗。

《凤仪亭》中乔国瑞(左)饰董卓。(王驿拍摄并提供)

《嫁妹》中乔国瑞(右3)饰钟馗。(选自《山西戏剧图史》)

> **相关链接**
>
> 温兆林,艺名奴子生,山西文水大象人。是三儿生孟珍卿的过门徒弟。
>
> 扮相英俊,嗓音纯清,曾在东西二口闯荡多年,技艺更臻成熟。唱做念舞均具乃师风范,《折桂斧》《黄鹤楼》《琥珀珠》《庙中会》更承师傅衣钵。一出《宁武关》饰周遇吉轰动晋中地面。

《白蛇传》中,筱吉仙张宝魁饰白素贞(左),奴子生温兆林饰许仙。(选自《山西戏剧图史》)

相关链接

　　王福义，艺名福义丑。山西清源水屯营人。八岁入太谷二锦霓园，先学青衣，后改丑行。生性机灵，幽默可亲，天生喜剧角儿。勤奋好学，底功过硬，身段潇洒，超凡脱俗。尤其是斛斗小翻，身轻如燕，人们送其"干荚叶""草上飞"等雅号。

　　福义丑不光武功好，嗓音唱腔十分过硬，唱做念打都无可挑剔，救场客串是常事。

　　三花脸王福义是公认的山西梆子丑行翘楚。

在《蝴蝶杯》中饰卢世宽。（选自《山西戏剧图史》）

《茶瓶计》中，从左至右为：刘仙玲饰春红，王福义饰王洪贵，崔元梅饰龚秀英，丁巧云饰老夫人，齐玉梅饰家院，曹效全饰单宝童。（选自《山西戏剧图史》）

（选自《晋韵流芳》）

相关链接

刘芝兰，原名丁碧天。北京人，1916年出生。幼年丧父，家境贫寒，母亲将其卖与张宝魁戏班，京剧名角刘少贞收为义女，遂改姓刘。之后入徐沟自成园，取名志兰，后改为芝兰。在说书红、大珠旦、黄兔子等名家的提携下，主攻刀马花旦，历时数年，技艺不凡。后搭祁县固邑同乐园，与盖天红、奴子生和乔金仙等同台演出，受益匪浅。

天生丽质，扮相漂亮，嗓音清亮，唱腔委婉，功夫扎实，动作洒脱，一出《双巧配》唱红晋中，一举成名。来锦艺园时才十二三岁。

日寇侵占晋中，随军政界大队避难隰县，被阎锡山收为义女，授予少校军衔。任第二战区长官部文化宣传第三队队长。

李树茂（右）与二哥李树森。
（李树茂之女李玉珠提供）

相关链接

李树茂，人称"四老虎"。1892年生人，山西平遥府底村人，锦艺园鼓师。

解放前后一直在太原新化剧院打板。1959年支援边疆，进新疆维吾尔自治区晋剧团，三年后返乡到山西机器厂工作，1976年寿终，享年八十四岁。

冀午斋从河北重金请回的武行大家邱家三兄妹邱德才、邱凤英、邱树山。

1927年，丁果仙加入锦艺园时留影。（武二只提供）

在锦艺园的丁步云，已不再是荣梨园时那个无忧无虑、傻看傻学的吸金孩童；也不是众梨园时无顾无忌、说唱就唱的那个快乐年轻人。在这里她被推到了风口浪尖上，盖因她是戏班头牌。

在那个年代，一个名声大震的年轻艺人，面对众多前辈，面对众多名流，她的难耐是可想而知的。听见过闲言碎语，经历过你挤我兑，有过不知所措的刹那，也有过暗吞苦泪的时刻⋯⋯

但一颗虔诚于戏剧的强大内心支撑她、引领她，默默地面对着、忍受着、克制着，在成熟的路上一步一个脚印地证明着，前行着，一如既往地继续创造山西梆子坤伶须生第一人的神话。

她不以头牌傲视，让她救场就救场，从不推诿。救场如救火，这是戏班的规矩。比如一次太谷沙村的演出，《琥珀珠》即将开锣，谁知盖天红王步云因交通故障没能及时赶到，全班上下心急火燎，三儿生鼓励步云救场，步云二话不说,扮相上场,不承想救场成功,演出甚佳,博得全场喝彩,"女盖天红""小盖天红"不绝于耳。当观众发现这女唱红的就是当年泰山庙卖小唱的果果时,由戏迷们赠予的"果子红"艺名便不胫而走了。

她不以头牌自居,让她演什么就演什么,从不计较,比如清徐文昌庙会演出《金沙滩》,她与老步云分饰前后半场的杨老令公,前演怎样,后演怎样,全然不顾忌不计较。在《金沙滩》一剧中的杨老令公,前、后半场的戏份和着装是不一样的。后半场扎靠戏本是步云的弱项,但又怎样?平时下足功夫的步云,早在三儿生的点拨下,不仅对剧情和人物有了新的认识,更对靠甲戏练出水平。结果可想而知,又在观众中掀起一股狂潮,"男的不如女的""盖天红不如果子"的口碑众口相传。

对台戏名噪一时

1928年农历四月十五日发生在文水县上河头村两班打擂台的大事,可以说是山西梆子发展史上颇具华彩的一笔。文水县建置悠久,是已有三千年历史的大县名城。这一年四月十五日,文水县上河头村盖起观音寺,要唱开光对台戏。

对台班社:锦艺园、双聚梨园。

锦艺园此时名流荟萃,文武齐全,更有一路走红的果子红,众口皆夸,名不虚传。

双聚梨园则刚刚从太原县晋宏园转来,尚缺时间磨合。挑班者十三红张锦云,人称文武双全的第一红。但独占天时地利人和的锦艺园胜出应是必然的。果然不出预料,锦艺园胜出,"果子红"名噪一时,在文水县红了,在三晋大地红了,从此确立了"果子

农业学士刘笃忠,1928年文水县县长兼上河头村村长。

1928年农历四月十五日，文水上河头村观音寺开光立碑，请锦艺园、双聚梨园两班社对演盛况留影。（李兆柱 提供）

红是山西梆子不可动摇的须生一杆旗"的位置。她的《拾金》《骂阎》《走山》《斩子》《桑园会》《捉放曹》《烈女传》《八件衣》《法门寺》《春秋笔》个个都是过硬的剧目。且有不断的创新，比如原由两位须生演绎的《渭水河》，改由果子红与狮子黑一红一黑的演出，两人相得益彰，场场叫座，大获好评，以致这种组合成为定局，一直延续下来。

渐渐成熟的果子红，开始把足迹迈向省城。1928年锦艺园在鸣盛楼的演出具有特殊意义。之后六大班社赈灾义演等社会活动的参与，更为其奠定了坚实的观众基础。

相关链接

鸣盛楼，1928年由八旗会馆更名而来。八旗会馆问世于清朝中叶，为了方便来往于省城的旗人，在校尉营辟建楼馆，专为旗人服务。清末，为了营业也接待旗人以外的客商，梨园弟子经常出没登场，名为会馆实乃剧场。

鸣盛楼是当时太原名著一时的戏园。

丁果仙摄于20世纪40年代。

步云独挑锦艺园

1934年锦艺园班主冀午斋因祸早亡，丁步云重组班社，成立步云剧团，与锦艺园一套人马两块招牌，在省城太原立足，开始了她独挑独扛的历练。

论戏班，演员队伍最为重要。锦艺园在原班人马的基础上，先后又有十三红阎登椿、十三旦任玉珍、乔金仙、秋富生杜锦生、吃瓜黑王富贵、鹿儿红王庆云，以及小艺人丁艳香、丁艳霞、丁拉弟、小玉珍（即后来的花艳君）、郭秋香等先后加入。

相关链接

阎登椿,小名贵锁,艺名十三红。1889年生人,山西省灵石县静升村朝阳堡人。十一岁时背着父母跟上戏班到了张家口,投师学艺两年,登台饰演《八义图》中程婴,因相貌端庄,嗓音清亮,当场观众为他点竹鸣炮,披红挂花,送他艺名十三红。之后多处搭班。1935年入锦艺园,戏文颇丰,交结广泛,为人厚道,处事谦和,甘为果子红拉二套,并兼做过门教师,果子红多得其真传,受益匪浅,十分敬重,还曾为其祝寿。

相关链接

王福贵,乳名愣福,艺名吃瓜黑。1898年出生于山西榆次永康。六岁父母双亡,寄居姐家。八岁到寿阳忠义园学艺。十二岁惹疾天花,脸留疤痕。转行二花脸,苦练硬功,颇有成就。《吃瓜》是其代表作,故得艺名吃瓜黑。

相关链接

王庆云,艺名鹿儿红。生于1895年,山西徐沟张楚王人。排行老六,乳名六儿,当地六、鹿同音,求其雅意,故名。九岁入榆次乾梨园娃娃班,师承说书红。文武双全,唱念做俱佳,靴鞭翅梢与刀枪把子均见功力。他演《五雷阵》甩大幡,足有一丈五尺长。旧戏台虽小,但见纸幡满台飞舞,不缠不绞,无碍台上任何陈设,还要放叉、五龙绞柱,功夫奇绝,实属罕见。他的《上天台》《溪皇庄》《表功》《观阵》都高人一筹。丁果仙演《南天门》绝少不了请他演曹福,完成冻饿而死的高难度动作。

《过山》中饰刘金定。（任玉玲提供）

相关链接

任玉珍，艺名十三旦。1918年生人，山西榆次龙柏村人。1930年从艺，演花旦，主演《美人图》《日月图》《富贵图》等。曾任山西省戏曲学校高级讲师。

自幼家贫，父母把她送入戏班，丁巧云即收为徒弟。曾在冀午斋家前后住过四五年，与比她大一岁的大少爷冀鑫青梅竹马，摆了订婚宴。后因时势变化，只成过往。

相关链接

乔金仙，1918年生人，山西汾阳城里人，父亲能拉会唱，酷爱山西梆子。

十二岁时和九岁的妹妹乔玉仙一同被父亲送到盖天红门下，她工旦行，妹妹攻须生。

因其天赋聪颖，扮相俊俏，嗓音清亮，调韵婉转，且擅学前辈如天贵旦、万人迷等的专长，深得观众赞赏。

她的《教子》《芦花》《桑园会》《金水桥》《永寿庵》《满床笏》等都是颇有造诣的剧目。

相关链接

小玉珍，后改名花艳君。本系孤儿，六岁时，被人贩子卖与开店女老板杨素贞，给其未婚女儿邱凤英做了干闺女，以姑侄相称。凤英与王凤鸣成婚后取名王玉珍，随大舅邱德才、二舅邱树山苦练刀马旦技艺。后因疾患，改学青衣，投拜张万顺、筱桂桃等为师。十岁出头，演《教子》《起解》《汾河湾》等，有了点名气，榆次的一位老秀才春生大爷为前途无量的小玉珍赠名花艳君。

在其以后的舞台生涯中，广采博收，自创一体，成为公认的花派鼻祖。

省城晋剧名伶为丁果仙庆贺生辰合影留念。
中排左起：郭兰英、任玉玲、梁小云、任玉珍、筱金枝、丁果仙、筱金梅、郭凤英、冀美莲、丁拉弟、郭美英；
后排左起：董小楼、筱桂花、刘俊英、董翠红、丁艳霞；
前排：董翠红养女、董小楼养女王爱梅、冀美莲养女冀萍、丁果仙养女丁招弟和丁引弟。

相关链接

任秀峰,小名丙午,大号依山。1906年出生于山西忻州令归农家。父亲任殿鳌,在清源城玉泉庄醋坊跑生意。母亲智氏,吃斋念佛,人称智善人。

任秀峰只念过三年私塾,十五岁到内蒙古丰镇,在德和祥绸缎庄当学徒。五年后在太原校尉营开起了同升帽店,后发展成太原绸缎庄。凭着能说会道,能写会算,好结友擅交际,兼任忻州会馆买办经理,进入太原商会。

幸有《晋阳日报》社长和总理事老乡的提携,他获得了记者身份。

任秀峰为步云剧团撰稿、宣传,请名人、起芳名竭尽全力。

相关链接

郭子泉,太原北郊上兰村人,人称戏窝子。从小酷爱戏曲,且很有组织管理能力,与刘玉富、张宝魁、姚法礼、刘文才等成立六大股戏班,并承揽演出接待业务。

郭子泉为步云剧团租戏箱、置行头、排演出、搞接待不遗余力。

  任、郭二君的鼎力相助,为步云剧团在省城开启了新的局面。

  至此,经过重整旗鼓的锦艺园,亦即步云剧团,行头簇新,阵容整齐,剧目丰富,名家名剧各有千秋,在省城太原名噪一时。丁果仙的大名雅号也由此起用。

在省城山西大剧院演出的主要剧目有：

丁果仙：《拾金》《走山》《杀府》《捉放曹》《反徐州》《双罗衫》《蝴蝶杯》等；

盖天红：《下河东》《金沙滩》《取西川》《北天门》《芦花》等；

狮子黑：《炮烙柱》《匕首见》《打渔杀家》《草坡》《功宴》等；

乔金仙：《教子》《芦花》《桑园会》《金水桥》《永寿庵》《满床笏》等；

十三旦：《杀院》《戏凤》《少华山》《万佛衣》等；

奴子生：《折桂斧》《卖水》《日月图》《富贵图》等；

秋富生：《花亭》《汲水》《百花亭》等；

福义丑：《三岔口》《盗杯》《吃瓜》等；

丁巧云：《阴阳报》《烈女传》《森罗殿》等。

这时的丁果仙已深深懂得一个好演员的最高标准应该是"只有塑造出活生生的艺术形象，才能打动观众，为观众所喜欢所尊重"，她在《谈谈我的唱腔》一文中曾这样写道。她还说"根据需要糅合各家之长"，"博采众长，不是这个一星儿、那个一点儿，加到一起完事，它们都得结合我自己的条件，结合剧情和人物的需要，加以改造，再糅合到一起，不显露任何痕迹，成为一种完整的新唱腔。比如：十二红的鼻音多，用在《空城计》中孔明嘲笑司马懿很合适；北路占鳌子（十三旦）我本来觉得不好听，但其尾音的唱法，放在老生唱腔就合适；月儿红嗓子颤抖，我演悲剧人物或唱滚白就吸收一些；拉面红唱得太寡，但我演衰派老生或嗓子不好时，也常常用他的个别唱腔儿……有时候一段唱腔听起来不够美，不够抒情，我便吸收一些旦角唱腔略加改造，唱出来并听不出是旦角的。其实改造旦角唱腔的办法并不复杂，腔调基本不变，只是把口型变更，共鸣增大，字音放重，把发音位置放后一些就是了。"

丁果仙在她艺术日臻完美的时候，像雄鹰一样向更高更广阔的天空飞去……

20 世纪 40 年代的丁果仙。

放飞口外与平津

1936年开始,步云剧团赴东西二口、天津、北平等地演出。期间,与筱桂桃的联袂演出,获得"一个果子一个桃"的美誉;与京剧名家马连良进行艺术交流、互赠剧本传为佳话;由上海百代公司灌制《空城计》《南天门》《九件衣》《斩子》《打金枝》《捉放曹》《拾金》等戏的唱片,获须生大王桂冠。

筱桂桃在《百花点将》中饰百花公主。

相关链接

杨丹卿,又名杨生秀,乳名金兰,艺名筱桂桃。河北宣化城人。

小金兰见戏入迷,父亲送她入怀安县柴沟堡刘考戏班,拜时称山西梆子四大名旦(李子健、刘明山、王玉山、张宝魁)之一的筱吉仙张宝魁为师。与她同科师弟筱桂林(本名孙文升)合演《小放牛》《七星庙》《双锁山》《破洪州》等,长足长进。

出师后先后入吉庆园、翠峰园、荣梨园、晋宏园等,拜了不少名师,学了不少名戏,在晋中、张家口走红。接着闯京津,也因精湛技艺,誉满业界,有山西梆子皇后之传闻。在东口首屈一指,无人抗衡。百代为她灌制戏曲与祁太秧歌唱片。

所谓东西二口,东口又称东垣即张家口,西口即归化或绥远(今日之呼和浩特市)。

东口素有陆路商埠国际都会之称。晋中富商在这里开钱庄票号,掌握经济命脉,促进蒙汉边贸。随之晋阳文化如祁太秧歌、中路梆子、北路梆子也来到经贸商埠,不少戏班演员在此获利,迅速发达,以至形成戏窝子。这是班社、演员历练的必到之处。

张家口当时为察哈尔省首府,晋裔聚居、晋商云集、晋戏繁荣,被公认为山西梆子名角镀金之地。

丁果仙在张家口的这次演出出奇的成功。筱桂桃起了举足轻重的作用。为挺进平津壮胆鼓劲。

20世纪30年代,丁果仙与诸名角合影。前排左起:任玉珍、丁果仙、丁巧云、乔金仙;
后排:王步云(左3)、郭子泉(左4)、任秀峰(左5)。
(选自《晋韵流芳》)

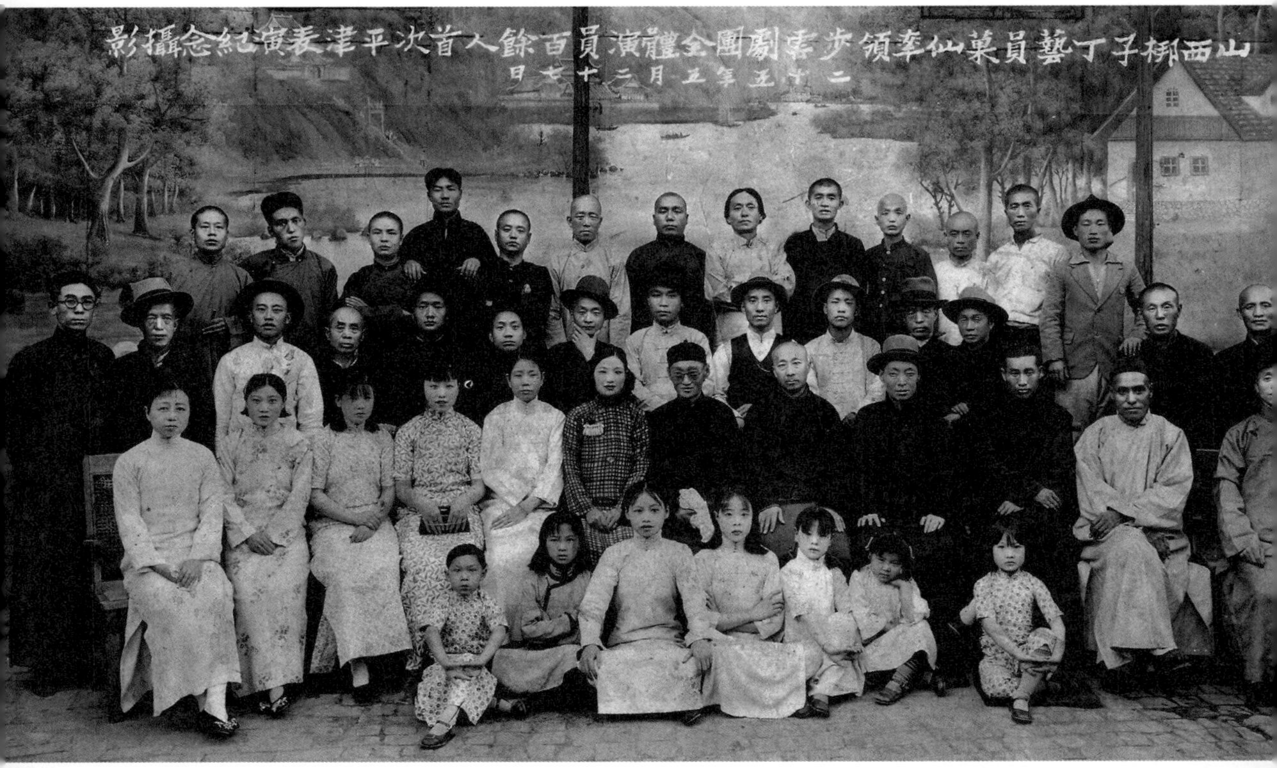

山西梆子丁藝員菓仙率領步雲劇團全體演員百餘人首次平津表演紀念攝影
二十五年五月二十七日

1936 年，丁果仙率步云剧团全体演职员百余人，赴平津演出纪念。第一排左起：花艳君，乔玉仙，丁艳霞，丁艳香，郭秋香。第二排左起：晋阳红、陈桂楼、邱凤英、任玉珍、丁巧云、丁果仙、王云山、阎登椿、温兆麟、邱德才、乔国瑞、郭子泉。第三排：任秀峰（左 1）、高瑞林（左 9）、刘根戌（左 10）。
（选自《晋韵流芳》）

聚樂戲院

△早場▽
十三旦 藏舟
彥章黑 下河東
蓋天紅 桑園會
筱桂桃
菓子紅

△夜場▽
九歲紅 斬黃袍
筱桂桃
蓋天紅 坐宮盜令
菓子紅
丁巧雲 南天門

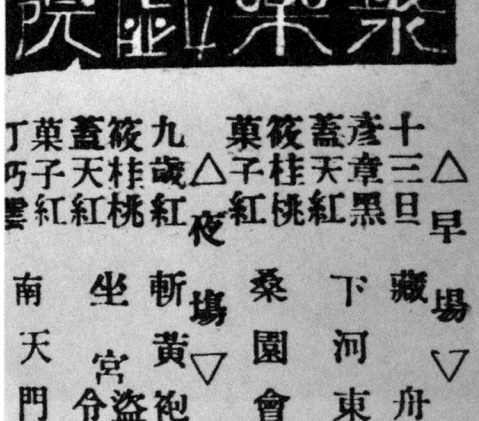

1936 年，果子红丁果仙在张垣聚乐戏院演出的戏单广告。

《四进士》中饰演宋士杰。

梨园佳话载史册

结束了张家口演出,与筱桂桃同行赴京演出,李子健首先帮助选定京城四大戏院之一的广和楼(其余三个是广德楼、华乐楼、第一舞台)。演出前李子健父子又引荐丁果仙观看谭富英、马连良、梅兰芳、程砚秋等名流的精彩表演;请来大剧作家翁偶虹先生做指导;马连良先生与丁果仙互相观摩《四进士》,后马连良先生把《四进士》《失空斩》剧本送给丁果仙,丁果仙以《反徐州》手抄本作为礼尚往来的回赠,传为中国戏剧史上的一段佳话。

京剧表演艺术家马连良。(米满堂提供)

马连良戏装照。

相关链接

广和楼位于北京前门外不远之路东,初建于明代,是京津富贾的查家(金庸之祖先)所建,后成为京津富贾休闲养生的私人园林,后改作营业茶楼,名为广和戏楼,于是著名班社经常在此演出,梅兰芳十岁成名剧目《长生殿·鹊桥密誓》就是在广和戏楼演出的。

相关链接

李子健（1895—1949），原姓常，山西太谷县朝阳村人。

在太谷二锦霓园学戏，坐科出身，工青衣、花旦，后演刀马旦。艺名多亲、红牡丹，他扮相好，特别会用嗓，以艺惊人，唱一出红一出，名震长城内外，是20世纪30年代山西梆子评选的四大名旦之一。

河北梆子演员李翠芬慕其才貌，与之结缘，招其入赘，改常姓李，取名李子健。生子福哥儿，大名世芳，是梅兰芳先生之高足，京剧四小名旦之一。

李子健在北京认识许多京剧名家，与马连良、梅兰芳、尚小云、荀慧生等过从甚密。为山西梆子与京剧的交流做了不少引荐工作，对山西梆子的流播起了穿针引线的作用。

李子健与其妻李翠芬、子李世芳。
（选自《晋韵流芳》）

名徒谦谨拜名师

1935年在清和元饭店举行了一场隆重的拜师仪式。丁果仙为说书红置办了全新行头,备了儒家拜师规矩的"六礼"。说书红接过六礼,回赠十个亲抄剧本:《一捧雪》《取北原》《天水关》《汾河湾》《三疑计》《清风亭》《女中孝》《四进士》《双罗衫》《击鼓骂曹》。说书红盛赞丁果仙好学、会学的高明,并谆谆教导淡泊名利、待人以德的要义,语重心长地叮嘱她:"生儿养女不如收养弟子。教好弟子,你的艺术就能百世流芳,万年不朽!"

真是一次名徒拜名师的盛宴,是丁果仙学艺、成名路上的华彩一笔。

说书红在《八义图》中饰赵盾。
(高文翰之女高爱卿提供)

相关链接

高文翰(1881—1947),艺名说书红,山西榆次孟高庄人。十一岁进入太平班,他天资聪慧,记忆力过人,先攻武生,后改须生。十四岁登台,轰动张垣。

倒嗓失音,为了能重返舞台,他开始了早起晚睡、风雨无阻、日日不辍的练功生涯。一年后,终于根据自身条件,自创一种新式唱腔,演唱时如唱似说,字真句切,喷口强劲,叙事明白,娓娓动听,别具风味,颇受观众欢迎,送他"说书红"的艺名。

他戏路极宽,文戏武戏,昆乱不挡,技艺十分全面。即使平淡无奇的戏经他唱出来,也会博得满场喝彩。以念白为主的戏,如《表功》《详状》等,一个眼神、手势、台步都能让观众感到情深意切。

他不仅在晋中深受观众欢迎,在东西二口以及平津一带也为梨园界所敬重,是山西戏剧史上声誉极盛的名人。

四十岁以后,边演戏边授徒。他的"九英"徒弟(刘桂英、程玉英、刘俊英、田秀英、田凤英、郝翠英、李素英、武巧英、方月英)个个成名。

丁果仙是他的过门徒弟。

相关链接

清和元位于太原城桥头街与大濮府的丁字路口，创办于明末，闻名于清初，是经营穆斯林菜肴的饭店。要吃到太原最具特色的头脑、帽盒子早餐非清和元莫属。

山西人都知道，提起清和元，说起头脑早餐的来由，离不开明末清初山西著名思想家、医学家、书法家傅山先生一段佳话。

"头脑"，原本是傅山先生为调养母亲身体而研制的一道滋补药膳，叫八珍汤，由羊肉、煨面、黄芪、莲藕、山药、黄酒、酒糟、良姜八种材料制成。傅山先生为助朵姓店主生意，以此秘方相赠，定名为"头脑"。并亲书店名"清和元"，暗寓"杂割清和元头脑"之意。

清和元饭店历经数代，工艺传承至今，且日臻完美。成为太原城中的特色名店，甚至享誉海内外。

1935年冬在此举办丁果仙拜师说书红的拜师仪式。

20世纪50年代的清和元门店。
（选自《晋商古韵〈老字号〉》）

在《八义图》中说书红饰赵盾（右），翁偶虹饰屠岸贾（左）。
（高文瀚之女高爱卿提供）

相关链接

翁偶虹，本名麟声。北京人，偶红、藕虹、怡翁、碧野都是其笔名。戏剧大家。他的《锁麟囊》《响马传》《大闹天宫》等名剧，金少山、马连良、梅兰芳、程砚秋都演过。他的《女儿心》就是看过山西梆子《百花亭》与昆曲《百花赠剑》后专为程砚秋改编而成的。

翁先生1936年时任中华戏曲专科学校编剧兼导演，戏曲改良委员会主任。

灌制唱片飨后人

丁果仙曾于1936年3月17日、19日、22日三天受法国百代公司之邀，灌制《打金枝》《八件衣》《斩黄袍》《反徐州》《空城计》《芦花》《表刘流》《拾金》《捡柴》《走雪山》（丁巧云配演）《满床笏》（乔金仙配演）十一出戏的十四个唱段。

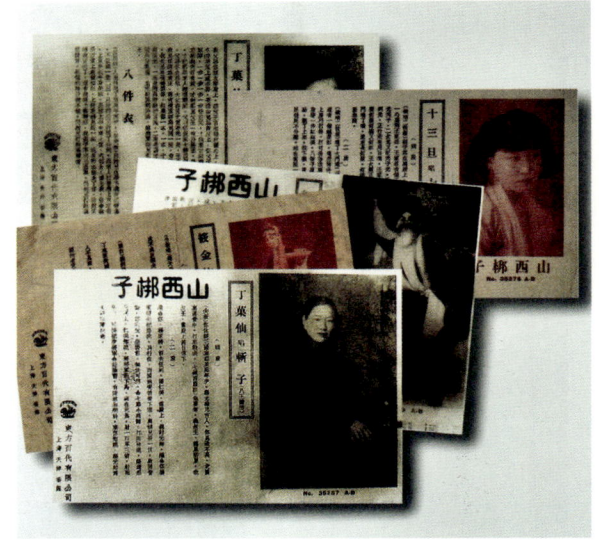

20世纪30年代，百代公司录制的山西梆子唱片所附唱词。
（选自《山西戏剧图史》）

20世纪30年代，胜利唱片公司出版的山西梆子唱片所附唱词。
（选自《山西戏剧图史》）

1937年春节前后，丁果仙曾受美国胜利唱片公司邀请率锦艺园赴沪灌制唱片，有《胡迪骂阎》《葵花峪》《斩子》《法门寺》《芦花》《牧羊卷》《捉放曹》《取成都》《花子拾金·折桂斧》《花子拾金·教子》等十出戏二十一个唱段被灌制。

再次唱红张家口

抗战期间，丁果仙曾避难忻州令归息演。在令归息演年余，有鼓师冯万福介绍搭桥，与董凤来老板组班。董凤来是寿阳人，在太原铁匠巷一处四合大院开着饭店，养着艺伎，专门请蒲州老艺人乔梦熊、水仙花郭双喜授艺，培养出文武小生董小楼、小旦董小凤、青衣董彩凤、须生董翠红、花旦董桂花。董桂花后拜筱吉仙为师，改名筱桂花。且有鼓师顺子师傅、琴师吴师傅，是较现成的窝儿班。董在太原铁匠巷开饭店，财厚，丁果仙有名，优势互补，于是又启步云剧社。但受日伪种种限制和胡为，只得于1939年再赴张家口，步云剧社交董家经营。

丁果仙到张家口后，与已在张家口的毛毛旦、盖天红、一千红、九岁红、水上漂、南定银、金铃黑、冀素梅、吉凤贞等同台演出。与南定银合演的《火烧绵山》轰动戏界，誉满山城。

名须生南定银。（张受仓提供）

相关链接

南定银，山西平遥人。出科太谷小万福园，专攻须生，擅长衰派，功底扎实，戏路子宽，嗓音圆润，唱腔独特，时高时低，常唱常新，当地人戏称"难定音"。

他对丁果仙十分敬仰，为尽东道主之谊，恳求与之合演《火烧绵山》，他反串老旦，扮演介子推之母，二人配合默契，效果极佳。

相关链接

任瑞梅，又名任廉如，艺名九岁红，山西汾阳人。其阅历丰富，能戏颇多。常演剧目有《斩子》《空城计》《取成都》《生死牌》等。《哭灵堂》由百代公司灌制唱片。

长久以来仰慕果子红其艺其人，刻意模仿，形似且神似，并取名白果子。1936年随筱桂桃与丁果仙同台演出，可谓夙愿得偿。

舞台"情侣"创佳绩

牛桂英是榆次小张义村人,1925年出生。家贫,六岁做了童养媳,一场大病之后,男方主动解约。

牛桂英先拜弹四弦的票友梁柱为师,三年期满后,继而投二牛旦李庭柱,攻须生,兼演他门。她扮相俊秀,做派大方,唱腔委婉,戏路子宽,缺啥补啥,概不丢丑。她接触前辈名宿较多,与十四红、毛毛旦、刘少贞、张美琴等搭戏,机灵开窍,博采众长,受益匪浅。

在晋中崭露头角后,走西口,到包头,闯归化,与盖天红王步云、筱桂林孙文生,南定银等高手同台演出,技艺更有长进。后被赵步桥看中,请到同德挂头牌,专门请刘宝山、筱桂桃与其配戏,很快唱红东口。

1939年丁、牛在张垣的初次合作,连演半年,称誉满满,《打金枝》《八件衣》《九件衣》《清风亭》《坐楼杀惜》《忠保国》等戏都博得好评,特别是二人反串《芦花》(丁演李氏、牛演闵德仁)更是惊爆全场。丁果仙再一次风靡北国商城,牛桂英也获益良多,老丁的一白一韵、一招一式、一言一行、一思一虑,都让她赏心悦目,

晋剧"舞台情侣"丁果仙(右)、牛桂英(左)20世纪50年代合影。(刘宝俊提供)

20世纪30年代末,察哈尔省张垣同德戏院中路梆子坤角。后排左4为牛桂英。(选自《山西戏剧图史》)

开窍启迷,玩味不尽,钦佩不已。

丁、牛二人合作的愉快,为数年后再次邀约同赴平津演出奠定了基础。而且创造了更出彩的合作。

1942年赵步桥派人接丁果仙到张家口同德剧院演出,因该戏院坐落在桥西南营房,故人们也称南营房戏院。

赵步桥是徐沟县城东南坊人,1910年生人。幼时入孟封小荣梨园学艺,专攻武行,与北田旦、王正魁同偣。然技艺一般。但头脑好使胆子大,趁国难当头,荒年乱世,大发横财,承戏班耍名角。此次专程请来丁果仙加入同德戏院,其目的很明确,就是为牛桂英请强手搭档,进而捧红牛桂英,占有牛桂英。岂知这一举措倒成全了日后山西梆子一对"舞台情侣"的出现。这对"情侣"长达三十年的舞台相伴,这对"情侣"空前绝后的默契配合,也许会是山西梆子戏剧史上旷绝一世的一段佳话吧!

1946年在北平广德戏院,丁、牛二人大反串出演《万佛衣》《狐狸缘》,曾留下了浓墨重彩的一笔,丁果仙扮演小旦四姑姑,花枝招展,妖艳多姿,一颦一笑,无不动情,一时间,须生泰斗居然成了蛾眉粉黛、杨柳细腰、莲步轻移、妩媚诱人

> **相关链接**
>
> 广德戏院，位于北平大栅栏39号，建于嘉庆元年（1796）。历史悠久，古色古香，曾与法国巴黎歌剧院和俄罗斯莫斯科大剧院相提并论，足见其高档。
>
> 当时京剧祖师爷程长庚、余三胜、梅巧玲等，在此施展才艺，迅速走红。之后富连城、喜连城、双庆社等名班宿伶，也都先后在此登台亮艺，可见声誉红火之一斑。

的仙子。而牛桂英则扮演小丑书童，鼻梁上眉宇间画着三个不大不小的白圈圈套黑圈圈。红绳绳捆扎的小辫朝天直竖，活脱脱一个傻小子。如此一媚一丑一出场，无需表演，已是满堂哄笑了。

在津门更不必赘言，丁果仙在津门早有须生大王的美誉，此次有牛桂英的默契配合，仅一出《坐楼杀惜》足以倾倒观众，仍然是大获全胜。

牛桂英在与丁果仙的合作中，屡出佳品。解放后，接受丁果仙特邀，从北京回到太原，之后又与丁果仙一同从市到省，在舞台上相依相伴数十载。

自古道"好汉识好汉，英雄识英雄"。牛桂英十分欣赏丁果仙自由挥洒，落落大方，不拘台词，不受传统程式束缚的生活化表演，她不耻求教，暗下功夫，也用生活化表演适应丁果仙。在舞台上相互诱发，相得益彰，确实是天造地就的一双理想搭档。虽说丁果仙比牛桂英年长十六岁，但二人的天赋身世阅历追求有许多相似之处，尤其对戏曲艺术的酷爱钻研，都几乎到了痴迷程度，装谁像谁，演啥像啥，把高超的技艺融入规定情境之中，真可谓同道中罕有其匹的一对性格演员。

一个演员还有什么比在舞台上得一好搭档舒心惬意呢？！

丁果仙与牛桂英（左）合演《算粮》。（选自《晋韵流芳》）

20世纪50年代,丁果仙与牛桂英(左)合演《走山》。(王骅提供)

20世纪60年代初,在北京,刘元彤导演为丁果仙与牛桂英(右)加工排练《走山》。(选自《晋韵流芳》)

丁果仙与牛桂英合演《八件衣·闹公堂》,丁果仙饰杨知县(左5),牛桂英饰窦秀英(左6)。(选自《晋韵流芳》)

《空城计》中饰演诸葛亮。

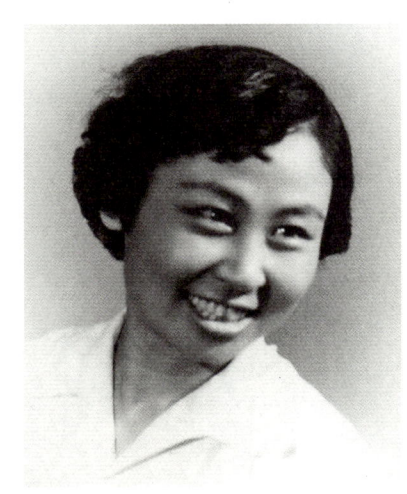

相关链接

程玉英（1920—2015），山西平遥人。十一岁拜说书红高文翰为师，攻须生，后攻青衣，端庄稳重，雍容大度，颇有大家风范。她的"嗨嗨腔"自成一派，独树一帜，在晋剧艺坛大放异彩。

1946年后，程玉英逃难到京，与丁果仙合作，更是锦上添花，完美无瑕。在广德戏院连演三月。街头巷尾，有这样的议论："蒋介石断送了北平，日本鬼子祸害了北平，山西的两个女伶唱红了北平。"

新化剧院伙伴们

抗日战争期间，新民会组织了各种各样的义演。新民会是名副其实的日伪组织，旨在宣扬"日中亲善""东亚新秩序"。总部设在北平，华北各地皆有分支机构，山西新民会下设太原新民分会。所有剧团班社均隶属其下之梨园分会。

这时的丁果仙已经没有自己的班社，为了生计只得搭新化剧院狮子黑的班，与狮子黑、梁小云、冀美莲、郭凤英、马兆麟、段玉明，还有童伶刘仙玲、郭兰英、郭美英等演出。剧目不外乎《满床笏》《双罗衫》《捉放曹》《蝴蝶杯》《明公断》《百花赠剑》等。

（岳云飞提供）

> **相关链接**
>
> 梁小云（1925— ），山西汾阳人。1932年从艺，攻青衣、老旦、彩旦。
>
> 1940年开始随丁果仙演戏多年，代表剧目：青衣戏有《祥麟镜》《鲛绡帕》《玉虎坠》等；老旦戏有《杨府送印》《三关排宴》等。

> **相关链接**
>
> 冀美莲（1921—1979），山西文水人。十三岁步入梨园，拜一点红王有福为师，苦学花旦技艺。戏路宽绰，文武皆演，能戏很多。代表剧目有《梵王宫》《百花亭》《戏叔》等。

> **相关链接**
>
> 马兆麟，小名根子，艺名根根红。西文水伯鱼村人。七岁入同盛园班社，初工丑角，后攻二须生。1941年携侄女马秋仙（小果子）、长女马福仙（十七生）、次女马玉仙（青衣）进新华剧院与丁果仙、郭凤英、乔国瑞等同台演出。解放后入人民剧社。
>
> 从艺七十年，多演配角，但却使小角色放出了光辉。他做戏逼真惟妙，唱念刚柔相济，身段髯口尤为精致。高徒有小果子马秋仙和李月仙。

（选自《山西四大梆子图典》）

相关链接

郭兰英（1929— ），山西平遥人。女高音歌唱家，晋剧表演艺术家。幼年与姐姐郭凤英、妹妹郭美英一起学戏演出，曾演出过《秦香莲》《二度梅》等一百多出传统戏。

（米小敏提供）

相关链接

郭美英（1933— ），山西平遥人。1940年开始和姐姐郭凤英、郭兰英一起学戏演出。曾任省戏曲学校表演科教师。代表剧目有《阴魂阵》《英节烈》《王宝钏》《秦香莲》《江姐》《杜鹃山》等。教学剧目有《断桥》《教子》《见皇姑》《算粮》等。

（刘惠兰提供）

相关链接

刘仙玲，祖籍河北束鹿。1929年生于一户贫困农家，四岁时被同乡刘勇聚收养，随其女刘桂英（说书红大弟子）学艺，八岁入榆次戏班，拜北田旦王增山为师，十三岁与刘桂英同到张家口柴沟堡，入侯德全戏班，专工小旦。擅演《柜中缘》《拾玉镯》《游花园》等戏，走红口外。抗战胜利后返回榆次，搭王永年戏班，主演《蝴蝶杯》《双巧配》《五女兴唐》等大戏，后加入刘芝兰文宣三队。

(段玉明家属提供)

相关链接

段玉明(1915—1975),山西省阳泉市郊河底镇人。幼年家贫,曾被拐卖三年,后由舅父领回,由堂祖父收养。玉明决计自食其力,九岁时自卖自身入燕龛娃娃班,坐科须生,拜玉印红名下。出科后,一出《上天台》唱红东四处,得河底红艺名。

20世纪30年代加入丁果仙创办的步云剧社,因能戏甚多,文武不挡,给丁果仙拉二套。之后与众多名家合作,演出剧目有《玉虎坠》《炮烙柱》《反徐州》《舍饭》《走山》《杀驿》等。40年代入太原"新化剧团"。

有"孔明戏王"之称。

1952年山西省第二届戏曲观摩演出,在获奖剧目《文嫣》中饰张治一角获个人表演奖。之后参演了多个现代戏剧目。

20世纪50年代,丁果仙与乔国瑞、段玉明合演《捉放曹》。丁果仙饰陈宫(中)、乔国瑞饰曹操(右)、段玉明饰吕伯奢(左)。(段玉明家属提供)

无可奈何的日子

抗日战争胜利，阎锡山劫夺胜利果实，成立民族革命同志会歌剧协会与太原市戏剧改进委员会，将省城所有戏剧文艺团体掌控手中。

丁果仙被刘芝兰网罗至文宣三队。

文宣三队原为第二战区司令长官部文化宣传第三队，在隰县成立于1944年。队长丁碧天即刘芝兰。返回太原后，改为民族革命同志会文化宣传第三队。

主要成员有鹿儿红王庆云、小三儿生郑雅楼、北田旦王增山、眉毛丑王茂林、十三旦任玉珍、小二百五王银柱、赵月楼、冯少臣、筱桂梅、筱桂燕、刘仙玲、王桂仙等。

> **相关链接**
>
> 郑雅楼，乳名圪针子，艺名小三儿生。山西省太谷县韩村人。从小入胡万义的万福园娃娃班，后拜三儿生孟珍卿为师，颇得真传，故人称"小三儿生"，《折桂斧》就是薪传衣钵，他人难比。功底扎实，文武兼备，身段潇洒，表演投入，常演的武打戏有《黄鹤楼》《淮都关》《塔子沟》等；他与夫人小十三旦郑云仙合演的《女写状》《七星庙》《双锁山》等对儿戏更是风流倜傥，百看不厌。

（荆玉玺提供）

20世纪40年代《封神榜·追杀》，郑雅楼饰方弼（右1），马云秀饰殷洪（右2），董小楼饰方相（左2），樊惠珍饰殷蛟（左1）。（选自《山西戏剧图史》）

王银柱,艺名小二百五。

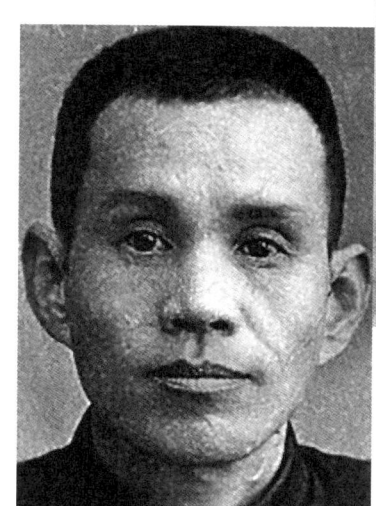

王增山,艺名北田旦。(牛桂英提供)

赵素卿,艺名筱桂梅。(筱桂芬提供)

这一时期的丁果仙,在不停的义演、募集演出中受着折磨,耐着煎熬,隐忍着,身体健康被一丝丝地吞噬,但视戏如命的她,只要站在舞台上绝不会欺罔视听,演出了不少好戏。与梁小云、冀美莲、狮子黑、十一生、艾成丑等合演的《打金枝》,加之申天福、郭鹏飞高手司鼓、琴师,真可谓无懈可击,与筱金梅合演《走山》《采桑》《汾河湾》《清风亭》,与筱金枝合演《戏凤》《杀院》《日月图》等,都是城乡观众百看不厌的名角名戏。特别是由筱吉仙张宝魁根据古典名著、神话故事编排的《封神榜》《八仙过海》《西游记》中更有出色的不同凡响的表演。

《封神榜》丁果仙演姜子牙，筱桂芬饰苏妲己，丁巧云饰姜皇后，邱德才饰殷纣王，茹玉书饰梅伯。

《八仙过海》丁果仙饰演吕洞宾，韩俊山饰韩湘子，邱德才饰汉钟离，刘文才饰蓝采和，梁文仁饰铁拐李，王福义饰张果老，刘春祥饰曹国舅，十三旦饰何仙姑，邱凤英饰鱼儿精，邱树山饰老鳖等。

《西游记》丁果仙常演的是主角太上老君、唐太宗、唐玄奘等，而真正引人注目的是猪八戒。她反串猪八戒这一角色，以丑行兼扮，化妆和表现手法极富夸张。丁果仙通过深刻的理解、准确的把握、夸张的表演、细腻的刻画，活脱脱塑造了集神人猪为一体的"这一个"。把一个贪吃、贪睡、贪色、贪财、贪图安逸、贪生怕死但也憨直拙朴、童稚纯真、绝不虚伪的猪八戒，表现得可观、可赏、可心、可爱、可笑、可气、可谅、可解、可亲、可叹，品评玩味无穷。

丁果仙丑唱居然也如此出色，盖因她对人物的认真研究和她精湛的表演功夫。

抗日战争胜利了，给丁果仙带来的依然是灾难。无可奈何！无以自解！

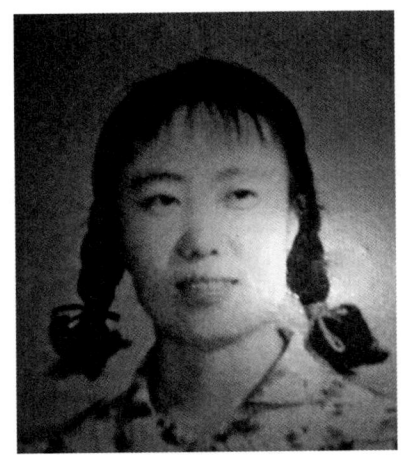

王桂仙（牛桂英提供）

韩俊山，艺名小十三红。
（儿媳陈俊梅提供）

刘文才（牛桂英提供）

相关链接

丁果仙与筱金梅（右）合演的《走山》《采桑》《汾河湾》《清风亭》，与筱金枝（左）合演的《戏凤》《杀院》《日月图》等，都是城乡观众百看不厌的名角好戏。

（筱金梅之孙女刘丽玲提供）

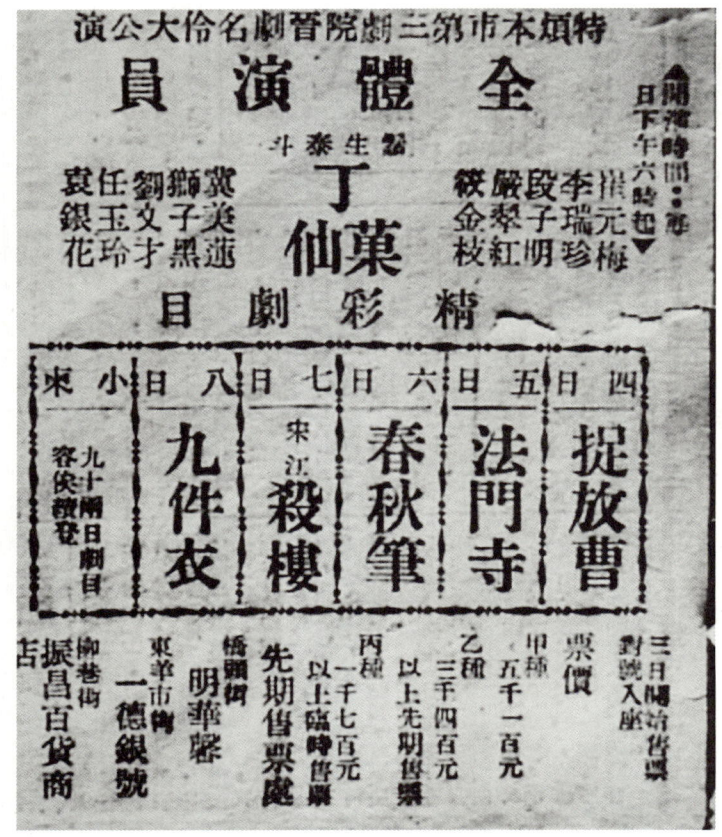

为云山高级中学募集基金游艺会演出。

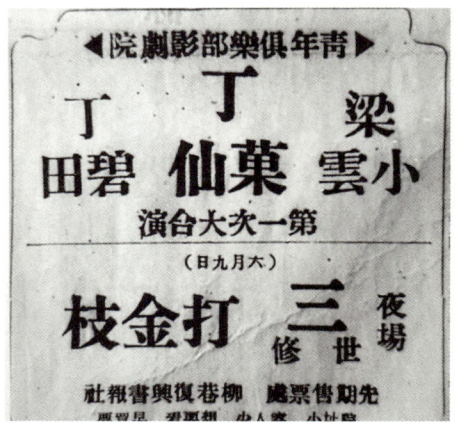

频繁的义演。

第四场 巅峰季

时间：一九四九年 至 一九七二年

20世纪50年代的丁果仙。

[双调·大德歌] 巅峰季

东方红，太阳升，更张忽地受尊崇。
昔日多困窘，今成主人翁。
喜逢年华正鼎盛，炳炳然呕心献终生。

海子边万字楼。

　　解放了，1949年4月24日太原解放了！

　　太原解放后的第四天，丁果仙接到军管会请她参加座谈会的通知。

　　4月29日，海子边万字楼的座谈会，丁果仙来了。这一天，是她一生一世最难忘的一天。光明前景乍现，忐忑不安消融。全新的生活开始了。丁果仙积极参与政府组织的各种活动。

万字楼。(魏海峰摄)

相关链接

万字楼是20世纪30年代初阎锡山为其父阎子明所建的藏书楼,名曰"子明藏书楼"。至今已有八十余年的历史。此楼因其特殊的"万"字形,故称为万字楼。

万字楼位于文瀛湖东侧,占地面积一千三百多平方米,具有很高的人文、历史、文物观赏价值,被太原市列为首批文物保护建筑。

2006年,斥资修缮,基本恢复了原貌。

1949年6月21日改组成立太原市民众剧团,丁果仙担任了团长。

1949年6月21日改组成立太原市民众剧团。团长丁果仙,剧务主任任秀峰,主要演员有刘仙玲、王桂仙等。(《太原晚报》2012年4月21日14版)

1950 年

1950 年 6 月丁果仙加入光明剧院，任团长。遂取"苟日新，日日新，又日新"之意更名为新新剧团，设在和平剧院。

1950 年，朝鲜战争爆发。

太原市的抗美援朝运动，既轰轰烈烈又扎扎实实。丁果仙带领新新剧团走在文艺界前列，与同仁们在杏花岭体育场义演三天，名家争相献艺，于是有了别出心裁的三三《打金枝》，即一个角色由三个演员扮演，唐代宗由丁果仙、张美琴、筱果子扮演；沈后由梁小云、刘俊英、花艳君扮演；昇平公主由冀美莲、刘仙玲、筱桂芬扮演；郭子仪由乔国瑞、曹正国、王银柱扮演；郭暧由孙福娥、李素英、任玉玲扮演，观众不禁叫绝。

> **相关链接**
>
> 和平剧院位于太原市中心，南肖墙西口处，与柳巷交界，坐南朝北。
> 原本是阎锡山的中央饭店。解放战争中炸塌了。后经修复成为工人剧院，后改名和平剧院。

孙福娥

李素英（阎晋亮提供）

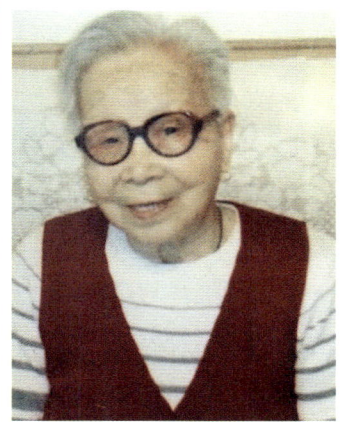

任玉玲

1951 年

1951 年元月,太原市举行了首次新戏曲演出竞赛,晋剧、蒲剧、京剧三个剧种的七个演出团体参加。新新剧团演出《孔雀胆》。竞赛结束,丁果仙与于子元、王秀兰等二十人被评为优秀演员。通过这次竞赛,掀起了排演新编戏的热潮。

丁果仙恳切邀请牛桂英,并派人专程去北京接牛桂英回太原。牛桂英感谢丁大姐的知遇之恩,主动提出排演现代戏《小女婿》。

试想,一辈子演古装戏的旧艺人,突然间要演现代戏,上了台少髯口没水袖,手不是手,足不是足,动作不能用程式,道白不能拿腔调,古人变成今人,帝王将相才子佳人变成普通百姓,困难哪!怎么办?只有刻苦学,努力练,要变得快,还要变得好。很快,移植现代戏《小女婿》和太原观众见面了,牛桂英饰杨香草,白桂英、李瑞珍轮换饰田喜儿,南玉英、筱桂琴饰婆婆,王志义、李玉罄分饰香草父母,张美孝饰陈二,张月来饰小女婿,丁果仙反串媒婆陈快腿,把一个油嘴滑舌、巧舌如簧的旧社会媒婆子,表现得活灵活现。

现代戏《小女婿》,牛桂英饰杨香草。(王驿提供)

南玉英(李翠英提供)

李瑞珍(李翠英提供)

筱桂琴(李翠英提供)

1952 年

1952 年全国开展扫盲运动,丁果仙带领全团响应号召,她如饥似渴,争分夺秒,见缝插针,吃饭用筷子在桌上写,睡觉指头在身上写,如同学艺一样,认字到了走火入魔的程度。功夫不负有心人,进步快、成绩好,考试总是名列前茅,荣获奖状、钢笔、日记本等,还有毛主席《在延安文艺座谈会上的讲话》单行本。

丁果仙下乡演出时学写打油诗,足见她在扫盲运动中的收获。(张丽仙提供)

中华人民共和国成立三年来,抗美援朝、演新戏、扫盲,丁果仙处处带头,冲在前面,只要是党号召的,她都积极响应,因为她深切体会到新旧社会两重天的事实,正如她在《光荣归于党》一文里说的:"旧社会艺人的一生是可悲的,被人歧视、污辱和压迫,甚至最后落个冻死饿死的下场。只有在共产党和毛主席领导下的新社会艺人们才有今天的社会地位。"这就是她的心里话。

1952 年 10 月 6 日至 11 月 14 日,历时四十五天,在北京举行全国首届戏曲观摩会演。全国二十三个剧种的三十七个剧团演出八十二个剧目。

山西省组成山西省晋剧团,由副省长王中青任团长。参演剧目有《打金枝》《蝴蝶杯》《捉放曹》《赠剑》等。

一分耕耘一分收获,《打金枝》《蝴蝶杯》分获二、三等集体奖;丁果仙荣获演员个人一等奖。文化部还专门安排了一场中南海怀仁堂的汇报演出。毛泽东、周恩来、朱德、贺龙等中央领导观看了演出。演毕,周总理上台接见全体演职员,并举办招待夜餐,转达了毛主席的问候。

适逢国庆三周年,山西代表团高举"山西省晋剧团"门旗和"百花齐放 推陈出新"的巨幅横标,迈着整齐的步伐走过天安门,接受检阅。丁果仙和乔国瑞、寒声在观礼台上。听着喇叭中传出伟人的声音:"人民万岁!""文艺工作者万岁!"她感慨万千,热泪盈眶,曾几何时的"戏子",今天的文艺工作者、人民艺术家……

回省后,于 12 月 6 日,在"第一届全国戏曲观摩演出大会山西代表团晋剧演员座谈会"上,丁果仙做了以《把我们的艺术贡献给人民》为题的发言。

1952年7月，丁果仙率太原新新剧团到临汾运城等地巡回演出，参观学习，交流艺术。剧团全体演职员在洪洞大槐树合影留念。（选自《晋韵流芳》）

参加全国首届戏曲观摩演出大会的山西省晋剧团全体人员在北京合影。（选自《晋韵流芳》）

1952年演出的《打金枝》。丁果仙饰唐代宗（左3）、牛桂英饰沈后（左2）、郭凤英饰郭暧（左4）、刘仙玲饰昇平公主（左1）。

郭凤英,艺名十一生。(荆玉玺提供)

丁果仙与郭凤英、梁小云等合演《蝴蝶杯·打子》。丁果仙饰田云山(左4),郭凤英饰田玉川(左1),梁小云饰田夫人(左2)。(王驿提供)

相关链接

在组织山西省参加全国首届戏曲观摩会演时,从阳泉市新声剧团调来时任该团团长的著名小生郭凤英参演《打金枝》,饰郭暧。之后郭凤英又加入中国人民第三届赴朝慰问团晋剧联合演出团到朝鲜前线演出。从此便有了观众口中的"丁(丁果仙)、牛(牛桂英)、郭(郭凤英)、刘(刘仙玲)"。

1952年12月,陶鲁笳(前排左6)等省、市领导与参加第一届全国戏曲观摩演出大会归来的丁果仙(中排左6)等戏剧工作者合影。(选自《晋韵流芳》)

1953 年

1953 年 10 月，以华北人民晋剧团和太原新新剧团部分演职员八十余人组成的中国人民第三届赴朝慰问团晋剧联合演出团（第六分团），随总团赴朝鲜向第二十兵团做慰问演出。慰问总团团长贺龙，山西省团长王世英、麻贵书，演出第六分团团长魏东河、副团长高介云。此外，尚有靳国贤、赵步颜、白俊臣和任秀峰等随团前往。主要演员除丁果仙外，还有冀美莲、郭凤英、梁小云、任玉珍、李素英、冀萍、王银柱、段玉明、武巧英、李爱花等。主要演奏员是司鼓张生彦、主弦程汝椿。演出剧目有《打金枝》《打渔杀家》《空城计》《蝴蝶杯》《赠剑》《三滴血》等，共二十个，总计演出四十一场。

在朝鲜的五十多个日日夜夜，每天都是生动感人的国际主义与爱国主义教育课。回国后仍以山西人民晋剧团的名义，从天津出发到大同、张家口、柴沟堡等地，慰问中国人民志愿军归国部队，真诚的感激和盛情的款待，都给人们留下了美好而深刻的记忆。

参加赴朝慰问演出团，对丁果仙来说，无疑是一次炼狱般的洗礼。

想想，旧社会带给她侵蚀健康的毒瘾，在太原解放三年多的时间里，人民政府一直派专人负责为她配制戒毒药膏，让她逐渐远离毒品。她从心底感激政府对她毒瘾的理解、包容和人性化的处理，所以她积极配合。她在力戒。

但就在踏上朝鲜土地的那一刻，在面对抗美援朝年轻战士热烈的欢呼声时，她的心似乎受到雷电般重击，她清醒而坚定地对丈夫任秀峰说："把出来时带的药膏全部扔掉！"

此时，她强烈的爱国爱党爱人民的觉悟告诉她，弃毒图新，要做一个真正的革命文艺工作者。从此，她获得真正的新生。

1953 年 10 月赴朝慰问时留影。（王驿提供）

赴朝慰问时,丁果仙与冀萍合影。(冀萍提供)

丁果仙赴朝慰问部队时与赵凡(中)、冀萍(左)合影。(冀萍提供)

在朝鲜前线,部队欢迎亲人的到来。二排右1为丁果仙。(选自《山西戏剧图史》)

丁果仙与冀萍合演的《打金枝·闹宫》。丁果仙饰唐代宗（右）、冀萍饰昇平公主（中）。（选自《晋韵流芳》）

《法门寺·行路》丁果仙饰赵廉（左3）、王银柱饰刘彪（左4）。（选自《晋韵流芳》）

1953年，丁果仙与牛桂英、郭凤英、冀萍合演《打金枝·劝宫》。丁果仙饰唐代宗（左3）、牛桂英饰沈后（左2）、郭凤英饰郭暧（左4）、冀萍饰昇平公主（左1）。（选自《晋韵流芳》）

1954 年

1954 年 8 月中旬，参加省、市文代会，汇报演出时，丁果仙与牛桂英、郭凤英反串《二进宫》。丁果仙饰演的李艳妃，愁肠百结，幽怨委婉，楚楚动人。

11 月，由丁、牛、郭主演的移植上海越剧《柳荫记》参加山西省第二届戏曲汇演，获得一致好评。并在会上展演了丁果仙的经典剧目《八件衣·闹公堂》，由她饰演杨知县，牛桂英饰刀马旦，马兆麟饰窦九成。

1954 年末，长春电影制片厂与省、市领导双方确定了拍摄晋剧电影舞台艺术片《打金枝》。

选定由山西省文化局副局长寒声总负责，太原市文化局副局长张焕做副手，操揽一切。

确定由寒声、张万一、王易风、张焕负责整理加工剧本；从四川成都请回老专家常苏民担任音乐设计；刘国权任导演；韩仲良摄影。

演员阵容以新新剧团为主，唐王丁果仙、沈后牛桂英、郭暧郭凤英、华北人民晋剧团梁小云与冀萍分饰郭夫人与昇平公主；从大同晋剧团调来王正魁饰郭子仪。乐队鼓师白晋山，琴师程汝椿。从省歌舞团借来小提琴手燕存理、大提琴手韩成胤。于 1955 年 4 月，《打金枝》剧组奔赴长春。

郭子仪扮演者王正魁。（杨盛林提供）

鼓师白晋山。（陈晋萍提供）

琴师程汝椿。
（选自《山西四大梆子图典》）

1954年8月，参加省、市文代会，丁果仙反串《二进宫》中李艳妃。

1955 年

经五个月的辛勤劳作,完成电影拍摄,返回时,受到省市领导及文艺界同仁们的热烈欢迎。

1955年夏,在长春电影制片厂摄制晋剧电影舞台艺术片《打金枝》时与领导及同仁合影留念。前排左起郭凤英、梁文仁、冀萍;中排左起程汝椿、丁果仙、张焕、牛桂英、韩成胤;后排左起王正魁、白晋山。(选自《晋韵流芳》)

由长春电影制片厂拍摄的晋剧舞台艺术片《打金枝》。丁果仙饰唐代宗,牛桂英饰沈后。(选自《晋韵流芳》)

电影《打金枝》。（选自《山西戏剧图史》）

1955年夏,在长春电影制片厂,拍摄电影舞台艺术片《打金枝》。丁果仙与剧组全体人员在摄影棚内合影留念。(选自《晋韵流芳》)

丁果仙(前排右2)与导演洛林(前排右1)、程玉英(前排右3)等合影。(程平摄)

1955年新新晋剧团改为太原市晋剧一团,丁果仙继续任团长。《屈原》是排演的第一部新编历史剧。该剧原是由陕西省剧协主席姜炳泰根据郭沫若话剧《屈原》改编的秦腔。1954年山西省文化局戏剧科科长杨秋实在西安征得姜炳泰先生同意拿回太原,遂由晋剧一团移植成晋剧。剧中丁果仙饰屈原,

1955年,丁果仙与牛桂英、郭凤英合演《屈原》。丁果仙饰屈原(中)、牛桂英饰婵娟(右)、郭凤英饰宋玉(左)。(选自《晋韵流芳》)

牛桂英饰婵娟,郭凤英饰宋玉,马玉楼饰张仪,白翠云饰南后,白桂英饰子兰,周家云饰上官大夫靳尚,刘致和饰渔夫。鼓师白晋山,琴师田九云。

这次排戏,采用全新的戏曲艺术生产流程,先请洛林、后请杨明葆担任导演,从讲剧本,到分析人物,强调主题,深入规定情境,演员们很快适应了这种新观念新秩序,排练进行得十分顺利。特别是丁果仙,为了塑造好屈原,确实克服了很多困难,狠下了番工夫。她牢牢把握人物爱国心正义感的基调,以及"草泽行吟、上下求索、美人香草"的诗人气质,一曲《雷电颂》的大段唱腔,激昂慷慨,嘹亮婉转,满宫满调,气势磅礴,大有穿云裂石之概。把屈原这一伟大诗人深沉忧愤的爱国主义激情发挥到了极致,感人至深。

如果说丁果仙在解放前艺术上已趋于成熟,那么解放后诸多角色的塑造,不论是古代的还是现代的,一个个栩栩如生的"这一个",证明她的艺术已达到炉火纯青的程度。屈原这一角色的塑造是挑战,是证明,更是标志。

1956 年

1956 年 3 月下旬，太原市晋剧一团赴京津等地巡回演出。

首站天津，在中国大戏院和南市剧院演出。剧目有《打金枝》《清风亭》《反徐州》《北天门》《南天门》《法门寺》《凤仪亭》等，期间天津音乐学院将丁果仙与花艳君合演的《教子》录了音。

接着到北京，在广和、长安、民主等剧场演出。期间，5 月 17 日应邀参加文化部与中国剧协在北京中南海紫光阁召开的昆剧《十五贯》座谈会。又在中南海怀仁堂演出《打金枝》（与花艳君、郭凤英、

1956 年 6 月，王世英（前排左 6）、刘少白（前排左 5）等领导在北京颐和园接见丁果仙（前排左 7）等演职人员。
（选自《晋韵流芳》）

刘致和等合作），朱德、周恩来、彭真、薄一波、徐向前等中央领导上台接见。

在长安剧场演出《屈原》，特意请原著作者郭沫若先生观看，受到郭老的肯定和鼓励。

在广和剧场演《卖画劈门》，由张庚、郭汉城引荐，请齐白石老人观看。

在中央党校礼堂演出《蝴蝶杯》。

在中央人民广播电台为丁果仙主演的《空城计》录音。

1956年，在北京，丁果仙与齐白石先生合影。（选自《晋韵流芳》）

丁果仙和同仁们在北京与齐白石先生合影。（选自《晋韵流芳》）

1957 年

1957 年 3 月，丁果仙赴京参加二届三次全国政治协商会议，受到毛主席亲切接见。

4 月 18 日，程砚秋应邀观摩山西省第二届戏曲演出大会，丁果仙、花艳君与省市文化局领导江萍、寒声、王易风、张焕到车站迎接。以丁果仙为团长的太原市代表团，参加省第二届戏曲观摩演出的剧目有：与牛桂英合演的《走雪山》《算粮》，与郭凤英合演的《详状》，均荣获演员奖。

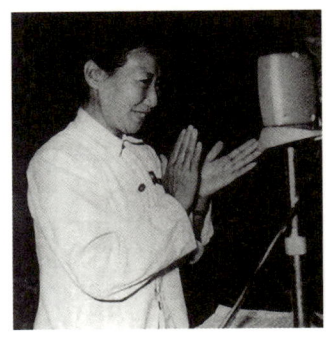

1957 年，丁果仙在全国政协二届三次会议上发言。（选自《晋韵流芳》）

1957 年，丁果仙参加第二届全国政协会议期间，受到毛主席的亲切接见。（选自《晋韵流芳》）

在山西省第二届戏曲观摩演出时，丁果仙与郭凤英（右）合演《双罗衫·详状》。（选自《晋韵流芳》）

在山西省第二届戏曲观摩演出时，丁果仙与牛桂英（左）合演《走雪山》。（选自《晋韵流芳》）

1957年丁果仙（三排左4）等与程砚秋先生（三排左3）合影留念。（选自《晋韵流芳》）

5月31日,丁果仙领导的太原市晋剧一团培训班与张宝魁领导的晋剧二团培训班合并成立太原市戏剧学校,丁果仙荣任第一任校长。

6月太原市晋剧一团踏上了西巡征途,路经尧都再达西安。历时三十四天,演出效果十分理想,单《打金枝》就连演十多场,此外还有《八件衣》《六月雪》《回龙阁》《北天门》《日月图》《黄鹤楼》《小宴》等,又专门演出丁果仙、牛桂英的《走雪山》,郭凤英、白翠云的《小宴》,陈晋萍、王秀兰的《游花园》招待西安文艺界。

相关链接

张宝魁(1900—1961),河北大兴县佟家鸣人。十一岁开始学京剧,后拜河北梆子世家张吉仙为师,工青衣,得艺名"筱吉仙"。后改唱中路梆子,戏路越来越宽,文武昆乱不挡。长期的舞台实践形成了自己的筱派艺术,与李子健、刘明山、王玉山一起被称为20世纪30年代中路梆子四大名旦。

他一面从艺,一面教戏,为中路梆子培育了筱姓桂字辈的众多人才。

中华人民共和国成立后,领导太原市晋剧二团,创办培训班,招收随团学员三十多人,1957年与丁果仙领导的晋剧一团培训班合并成立太原市戏剧学校。培养了一批优秀学员。

张宝魁不仅是一位晋剧表演艺术家,也是一位戏剧教育家。

部分筱姓桂字辈合影。后排左起：桂琴、桂君、桂红、桂芬、桂梅，前排左起：桂金、桂玲、桂秀、桂娟、桂婷。

1957年5月31日，山西省太原市戏剧学校建校典礼。

1957年6月26日，丁果仙（前二排右6）率太原市晋剧一团赴西安等地演出，途中与原安邑县党政领导及剧团演职人员合影。（选自《晋韵流芳》）

在西安，不仅有西安易俗社、尚友社、三意社等的诸多名班名角，又适逢成都川剧二团途经西安演出《谭记儿》《秋江》等名剧，真让大家大开眼界，饱享耳目之福！丁果仙更是不放过一切学习机会，在西安主动要求登门拜会作家杜鹏程，又与秦腔著名表演艺术家们交流学习。

后来又到洛阳拜见豫剧四大名旦之一的阎立品，到郑州拜访常香玉。每到一处她都要做到不虚此行，把学习、借鉴、提高放在首位。

1957年7月，太原市晋剧一团在西安演出时，与川、陕同仁合影。（杨秋实提供）

1957年晋剧一团赴西安演出时,与成都川剧团在临潼欢聚。右起:白桂英、杨秋实、丁果仙和原成都市文化局副局长林捷合影留念。(杨秋实提供)

1957年7月,秦晋戏曲名家在西安合影。前排左起:孟逼云、郭凤英、苏育民、丁果仙、刘毓中、牛桂英、杨秋实;后排左起:孟小云、杨天易、任秀峰、李哲明、徐抚名、白桂英。(杨秋实提供)

1957年7月,丁果仙率太原市晋剧一团在西安演出时,与同在西安演出的成都市川剧二团在临潼华清池合影留念。(杨秋实提供)

1957年,丁果仙与牛桂英、郭凤英、白翠云合演《打金枝·劝宫》。白翠云饰昇平公主(左1)。(李毓俊提供)

1958 年

5月，梅兰芳率团由西安巡演，辗转来并。为宣传"鼓足干劲，力争上游，多快好省地建设社会主义"总路线，丁果仙与省市领导陪同梅先生，站在敞篷汽车上，由柳巷南路、钟楼街、按司街、解放路，回到迎泽大街。梅、丁二位大师宣传总路线的新闻，一时间传遍大街小巷。

1958年，隆重欢迎梅兰芳先生来并演出。

1958年著名京剧表演艺术家梅兰芳来太原时，与丁果仙亲切会见。（张桂根提供）

1958年5月，丁果仙与梅兰芳先生合影。（刘惠兰提供）

丁果仙与梅兰芳先生（中）、贾桂林（右）合影。

20世纪50年代，在北京与戏曲同仁在一起。

1958年5月，太原市戏剧学校向梅兰芳先生（前二排右4）汇报演出后，与丁果仙（前二排右3）及参加演出的全体师生合影。（王骥提供）

继梅剧团之后,上海京剧院在"麒麟童"周信芳带领下,乘"大跃进"之风,来到太原,千里迢迢,送戏上门,热忱为工农兵服务,精神可嘉。在此期间,为纪念关汉卿戏剧活动七百年赶排的《单刀赴会》于6月28日在长风剧院演出,太原市晋剧一团演出《谭记儿》,丁果仙演配角家院。

1958年,京剧表演艺术家周信芳观摩太原市戏剧学校学生演出后,亲笔题词"尊师爱徒,红透专深"赠学校并合影留念。

1958年6月28日,周信芳率上海京剧团来并,为纪念世界文化名人关汉卿诞辰七百周年演出,丁果仙与周信芳同台献艺后合影留念。丁果仙在《谭记儿》一剧中饰家院。
(选自《太原——纪念太原解放四十周年》)

1958年冬,丁果仙与川剧名家阳友鹤(左1)、曾荣华(左2)、黄开文(左4)在太原合影。(选自《晋韵流芳》)

1958年,恢复现代戏《小女婿》,牛桂英等主演不变,丁果仙改演田喜妈,陈快腿由玉兰旦张万顺扮演。丁果仙扮演的田喜妈,一白一唱处处出彩,这时的丁果仙塑造现代人物已经十分娴熟、准确、自如,几近出神入化的地步。

相关链接

张万顺,艺名玉兰旦。晋剧老艺术家,工旦行。曾任教于太原市晋剧团训练班,与张宝魁等教师给学员们排了《打金枝》《茶瓶计》等不少剧目。

1958年演出现代戏《红旗下的花朵》。丁果仙饰校长（右）、牛桂英饰教师（左）。（选自《晋韵流芳》）

1958年"大跃进"的年代，丁果仙率团下厂矿，深入到车间、工地第一线，慰问工人老大哥；送戏上门到区县到农村，还自编小戏《张老汉游公社》，社员们高喊："果子红把咱农民老汉演活了！"晋东南屯留水库竣工、古交钢铁厂落成、娄烦汾河水库工地、大炼钢铁的山沟里，都曾留下她的足迹……

期间，赶排的由张玉枢（太原市文化局局长）和宇青萍（太原市戏校校长）编剧、张翔导演的现代戏《红旗下的花朵》，也获得成功。

1959 年

1959 年初，山西省实验剧院正式成立。丁果仙所属太原市晋剧一团并入山西省实验剧院，丁果仙任副院长。3 月去福建前线慰问回来后，4 月 18 日走马上任。

1959 年 3 月，省政府组成山西人民赴福建前线慰问团，下设六个分团。晋剧一分团团长孔庆华，成员是全省名家丁果仙、牛桂英、郭凤英、冀美莲、程玉英、王正魁、任玉珍、任玉玲、段玉明、赵双印、冀萍、刘柱、冯万福、杜步兴等。所带剧目：《打金枝》《卖画劈门》《见皇姑》《小宴》《打渔杀家》《投县》《空城计》《黄鹤楼》《赠剑》《小别母》等。

在海岛、在阵地，慰问团和战士们在一起，体验战斗生活，感受战争气氛，军民鱼水情，军民一家亲，这是一次生动的爱国主义教育之旅。

1959 年元旦，秦晋戏曲名家在太原合影。前排左起：郭凤英、马蓝鱼、丁果仙、王毓娴、牛桂英、李应真；后排左起：陈妙华、张亚丽、李哲明、李瑞芳、杨秋实、贺惠君、刘仙玲。（杨秋实提供）

1959年3—4月间,在漳州机场慰问演出后,与飞行、地勤人员合影。(王增福提供)

1959年春,在福建前线与解放军首长及部分慰问团成员合影留念。前排靳国贤(左1)、冉小豹(左3);后排左起:傅荣桂、丁果仙、解放军首长、张庆华、郑忠贤。(选自《晋韵流芳》)

丁果仙在福建与山西籍干部合影。(选自《晋韵流芳》)

1959年,在部队慰问时,丁果仙(二排左2)、牛桂英(前排左2)、郭凤英(前排左4)、冀美莲(前排左1)等与部队文工团同志合影。(选自《晋韵流芳》)

1959年3—4月间,在福州水库慰问演出后留影。(顾棣摄、王驿提供)

1959年3—4月间,在福建前线慰问海军后留影。(王增福提供)

1959年3—4月间,山西省福建前线慰问团同仁留影。(陈捷提供)

1959年慰问部队丁果仙(右1)与王正奎(右3)、任玉珍(右4)、程玉英(右5)、冀美莲(右8)、冀萍(右9)、荆国贤(右10)等合影。(王增福提供)

1959年9月，新艺晋剧团赴川前夕与晋剧院院长丁果仙（二排左5）等联欢合影。（选自《晋韵流芳》）

返回时，先在杭州，再到上海，适逢中央召开上海工作会议，慰问团为会议演出《打金枝》。演毕中央首长邓小平、彭德怀、彭真、陈毅、贺龙、杨尚昆、薄一波等上台接见演职员。

为祝贺国庆十周年，山西省举办第三届戏曲会演，丁果仙与梁小云、段玉明、王银柱、刘致和等合作演出《法门寺》。

之后，她把所有的精力都倾注于教学，更与年轻人同台演出，扶助和提携后生。

这一年丁果仙由熊国华、石飞介绍加入中国共产党。

这一年她被评为建设社会主义先进工作者，三八标兵。

丁果仙与刘致和（右）合演《捉放曹》。（选自《晋韵流芳》）

1959年国庆十周年，山西省举办第三届戏曲会演，丁果仙饰赵廉（前右）、冀美莲饰刘媒婆（前中）、梁小云饰宋巧娇（前左）同台演出《法门寺·审案》一场。（选自《晋韵流芳》）

《卖画劈门》中饰演白茂林。

1960 年

1960年3月8日,丁果仙出席山西省妇联在海子边人民大礼堂召开的全省建设社会主义先进集体、先进生产者、先进工作者妇女代表大会,并在会上发言。

3月27日,丁果仙陪同烈士刘胡兰的母亲胡文秀,在南宫观看了省晋剧院演出的现代戏《为了六十一个阶级弟兄》,并合影留念。

1960年7月22日到8月13日,全国文学艺术工作者第三次代表大会在北京举行。丁果仙与牛桂英、程玉英、贾桂林、郭金顺等出席了大会,丁果仙在会上做了题为《永远沿着党指引的文艺方向前进》的发言。

这年冬天,丁果仙赴广州参加了由国家文化部组织的疗养,同时疗养的还有李少春、叶盛兰、叶盛章、筱翠花夫妇。

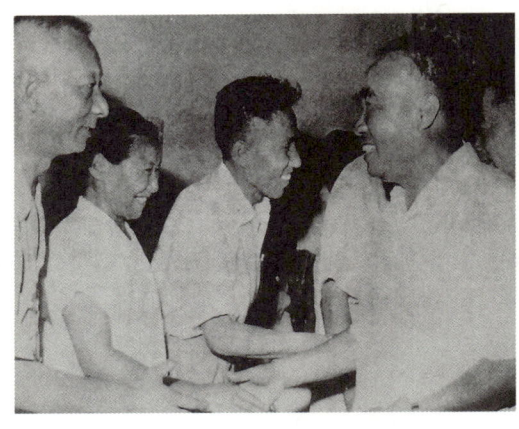

1960年,在全国文学艺术工作者第三次代表大会上,朱德委员长亲切接见丁果仙。(选自《晋韵流芳》)

1960年3月27日,山西省实验剧院中路梆子剧团、山西省晋剧青年演出团演出《为了六十一个阶级弟兄》后,丁果仙(二排左8)、剧团领导及全体演职人员与刘胡兰烈士之母胡文秀(二排左7)等烈军属和英模合影。(选自《晋韵流芳》)

1961 年

1961 年 7 月,丁果仙与率陕西省同州梆子剧团来并演出的尚小云先生进行了艺术交流。之后,山西省文化局于 8 月 25 日为丁果仙在太原迎泽宾馆举办收徒仪式。8 月 27 日,随山西省晋剧青年团乘火车抵北京。先后在长安、吉祥、广和、东安等剧场以及二七、政协、总后等礼堂演出,所带剧目是:一大(《打金枝》)三小(《算粮》《小宴》《杀宫》)。丁果仙担任艺术指导。

在京期间,与牛桂英、郭凤英、郭兰英、冀美莲等多次进中南海为中央首长进行内部招待演出。

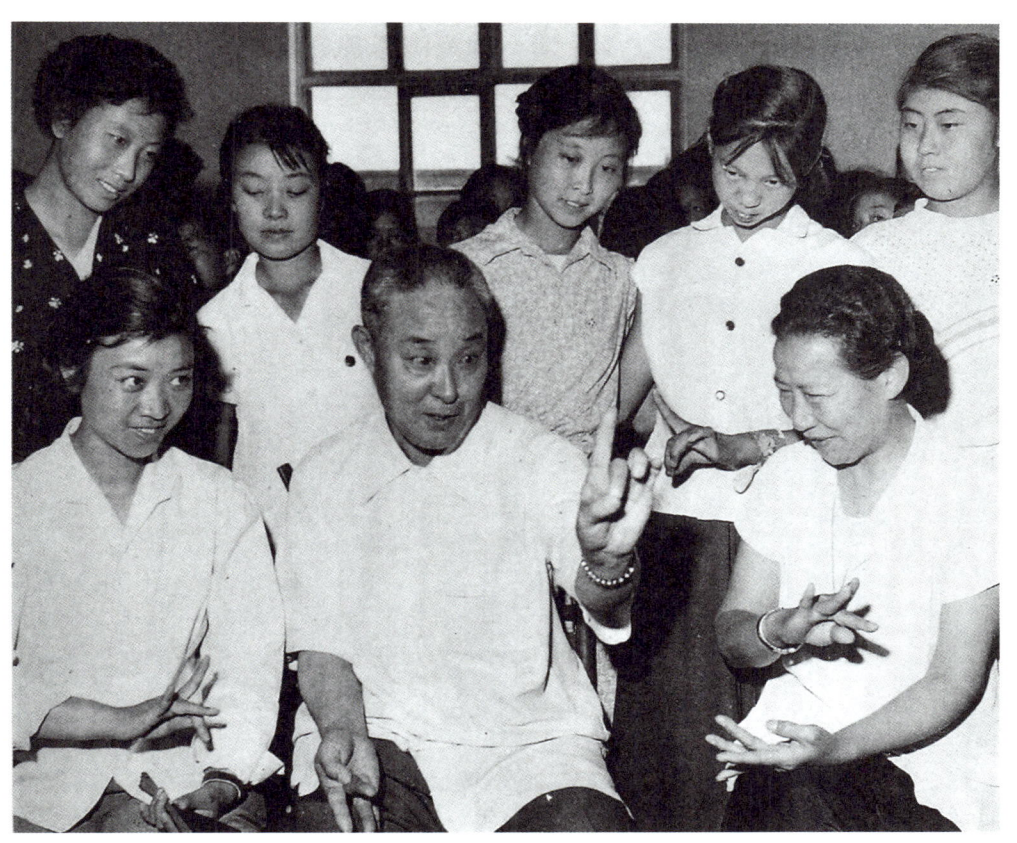

1961 年,尚小云先生向丁果仙等传授旦角表演艺术。前排左起:王秀兰、尚小云、丁果仙;后排左起:李玉珠、王爱爱、于秀芳、肖桂叶、薛红。(选自《晋韵流芳》)

1961年7月,尚小云先生(左4)与山西省实验剧院张一然(左2)、丁果仙(左5)、高凤歧(左6)等在一起。
(选自《晋韵流芳》)

1961年7月,尚小云(前排左4)与太原市戏剧学校师生合影。前排左2为孙竹林,前排左3为苈青萍。
(王驿提供)

1961年8月，丁果仙与十二个弟子合影。
前排左起：刘汉银、刘克勤、李守义、郭振琪、阎慧贞、武忠；
后排左起：温明轸、李树琴、马玉楼、丁果仙、白桂英、张鸣琴、刘宝俊。
（王骅提供）

1961年8月25日山西省文化厅在迎泽宾馆为丁果仙举办收徒拜师仪式的报道。

1961年8月,山西省晋剧青年团带"一大""三小"进京,丁果仙担任艺术指导,多次进中南海为中央首长演出。演出结束后,陈毅等中央首长和演职人员合影。(高寿禄提供)

1961年9月,贺龙元帅亲切接见丁果仙。(选自《晋韵流芳》)

1961年10月，在北京中南海紫光阁小礼堂演出后，受到周总理的亲切接见。
（选自《晋韵流芳》）

1961年10月，在北京中南海紫光阁小礼堂演出后，与周恩来、傅作义等领导合影。总理右为丁果仙；总理左1郭兰英、左2傅作义。（选自《晋韵流芳》）

1962 年

1962年7月17日，省城山西剧院人流如潮，丁果仙舞台生活四十年纪念演出在这里举行。五天的纪念活动，丁果仙演了《醉写》《走山》《详状》《劈门》《火烧绵山》等。其中尤以《火烧绵山》难度最大，对于年过半百，久病缠身，气喘不息的她来说，饰演介子推，要背上介母又唱又做高难度动作，真是一次艰难的考验，甚或是一次冒险的考验，不能不让人为她担忧。特请来身材瘦小的老搭档南玉英饰演介母。她背着南玉英上场一亮相就是一个碰头彩。她跋山涉水，边唱边舞，一手护母，一手攀缘，深沟浅滩，悬崖峭壁，高难动作一个接一个，然个个完成得干净利落，天衣无缝。这就是丁果仙，一个把身心完全献给舞台的丁果仙，一个曾为臭戏子今为艺术家铭感五内见证于舞台的丁果仙。

1962年7月17日《山西日报》有关丁果仙舞台生活四十年纪念活动报道。

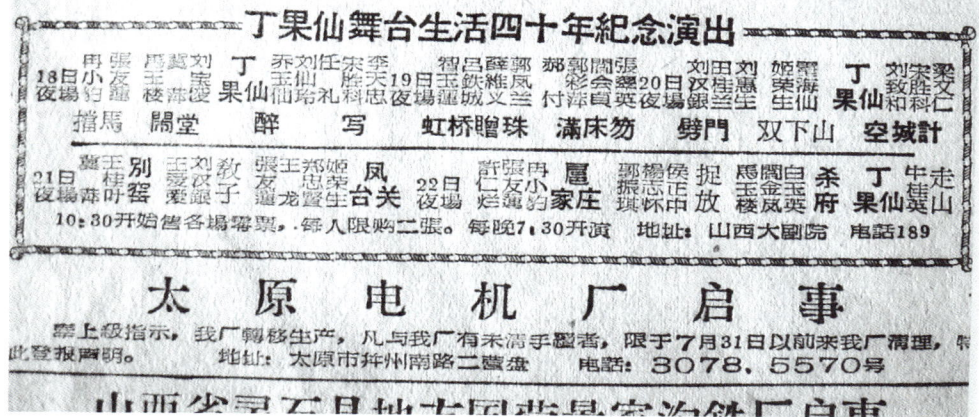

1962年7月18—22日连续五天,在山西大剧院举办"丁果仙舞台生活四十年纪念演出"。

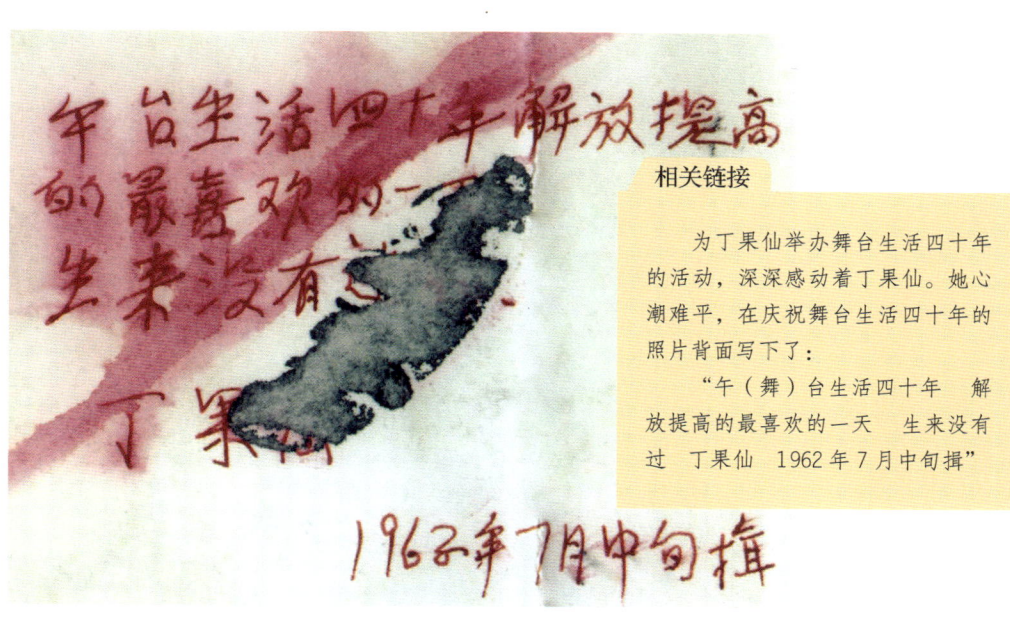

相关链接

为丁果仙举办舞台生活四十年的活动,深深感动着丁果仙。她心潮难平,在庆祝舞台生活四十年的照片背面写下了:

"午(舞)台生活四十年 解放提高的最喜欢的一天 生来没有过 丁果仙 1962年7月中旬揮"

《太白醉酒》中饰演李白。

1964 年

1964 年 9 月 1 日至 30 日，省文化局在太原市举办全省现代戏观摩演出大会。省晋剧院一团移植吕剧的《丰收之后》获得一致好评，丁果仙饰演剧中王奶奶一角。八句唱腔：

她五婶一番好意三冬暖，
喜得咱两行热泪洒胸前。
虽然我没有儿和女，
远胜过子孙满堂在身边。
新社会，天天变，
好人好事说不完。
要不是共产党的好领导，
我老婆子怎能够活到今天。

1964 年 9 月，山西省晋剧院在太原红旗剧场演出现代戏《丰收之后》，省委副书记王大任上台接见丁果仙（左 2）及全体演职人员。（选自《晋韵流芳》）

1964年演出《丰收之后》。丁果仙饰五保户王奶奶(前右),梁小云饰党支书赵五婶(前左)。(选自《晋韵流芳》)

就这八句唱,由紧流水转二流水,有紧有慢,有高有低,不慌不忙,不流不俗,声情并茂,委婉动人,观众如醉如痴,专家赞不绝口,名副其实的大家,世间罕有的绝唱。

丁果仙在《我演王奶奶的体会》一文中这样写道,王奶奶所唱的"是王奶奶对党的感激心情,也是表达的我对党的感激之情。因此对观众有一定的感染力"。

1964年全省现代戏观摩演出期间,记者对丁果仙饰演《丰收之后》中王奶奶的专访。

1966 年

1966 年，"文革"中的丁果仙与众多艺术家遭遇了同样的命运，批判、抄家、游斗、挨整、不自由……

她大惑不解：这史无前例的"大革命"，究竟要闹个啥？自始至终她也没真正明白，自己一心一意唱了一辈子戏，临完末了倒唱出乱子来了？！

疑虑与不解，难以撼动她那颗热爱戏剧的拳拳之心；各种非人性的外来折磨，也难动摇她对共产党赤子般的信仰。她在守望，在等待，在最后的病痛中仍惦记如何把山西梆子改得越来越好，像京剧一样，那么招人待见。

20 世纪 60 年代末的丁果仙。

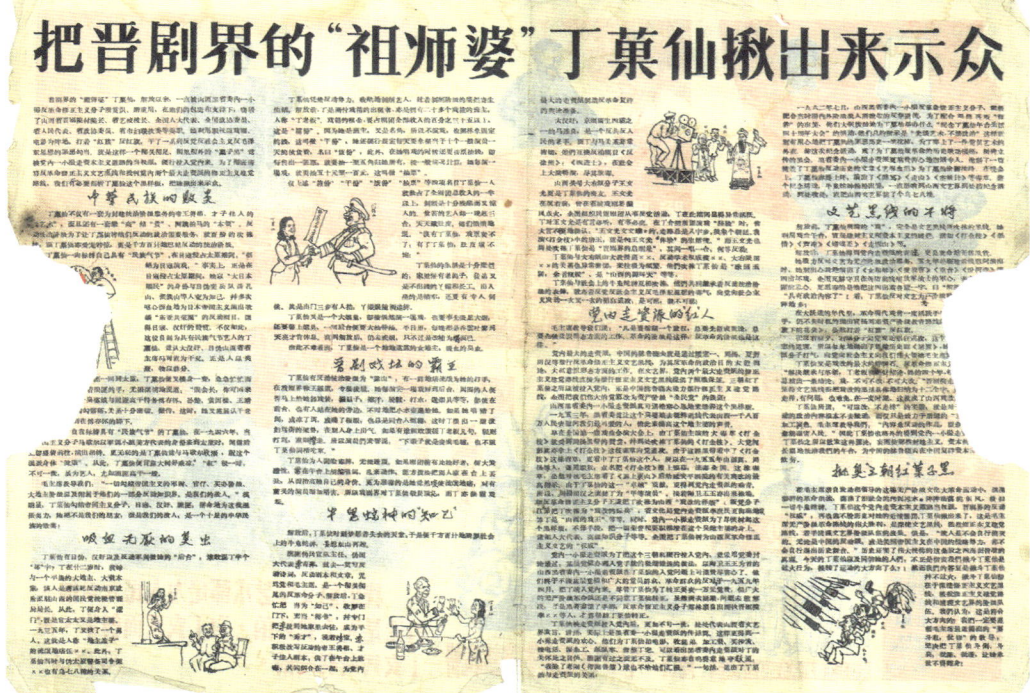

丁果仙在"文革"期间，与众多艺术家遭遇同样的命运……（王驿提供）

1972年

1972年2月16日（农历正月初二）晨4时，丁果仙走了，终年六十三岁。

一代晋剧艺术大师走了，两手空空，却满怀一腔心事，匆匆地走了！

天幕低沉、万籁俱寂，几颗疏星眨着眼睛，似在低语：鹤鸣之士，欢迎你……

丁大师逝世的消息迟滞了五天才在《山西日报》刊登讣告。

追悼会如期在省晋剧院举行。

> **讣　告**
>
> 中国共产党党员、全国政协委员、山西省政协常委、山西省晋剧院原副院长、原山西省戏曲学校校长丁果仙同志，因病治疗无效，于一九七二年二月十六日晨四时逝世。终年六十三岁。
>
> 兹定于一九七二年二月二十四日上午十时在山西省晋剧院举行追悼大会。生前友好有送花圈、挽联者请于追悼大会前送往山西省晋剧院。
>
> 丁果仙同志治丧委员会
> 一九七二年二月二十一日

粉碎"四人帮"迎来新天地。1979年12月27日，山西省市文化局与省市剧协联合举办"丁果仙同志诞辰七十周年座谈会"，同日晚在长风剧场举行丁派艺术展览演出。

1981年1月14日，山西省人民政府在太原市双塔烈士陵园隆重举行丁果仙骨灰安放仪式。

1994年举办"纪念晋剧艺术大师丁果仙诞辰八十五周年活动"。

2006年3月山西省文化厅隆重举行"纪念晋剧艺术大师丁果仙诞辰九十七周年暨立碑仪式"。

2009年12月,山西省文化厅主办、三晋戏剧研究会协办、省晋剧院承办"纪念丁果仙诞辰一百周年暨山西省晋剧院建院五十周年系列活动"。

矗立在太原市双塔烈士陵园的丁果仙墓碑,2003年3月落成。

1994年,"纪念晋剧艺术大师丁果仙诞辰八十五周年"活动时,八大弟子(化妆者左起)刘汉银、张鸣琴、刘宝俊、马玉楼、白桂英、阎慧贞、武忠、温明轸与有关领导合影。(安振英提供)

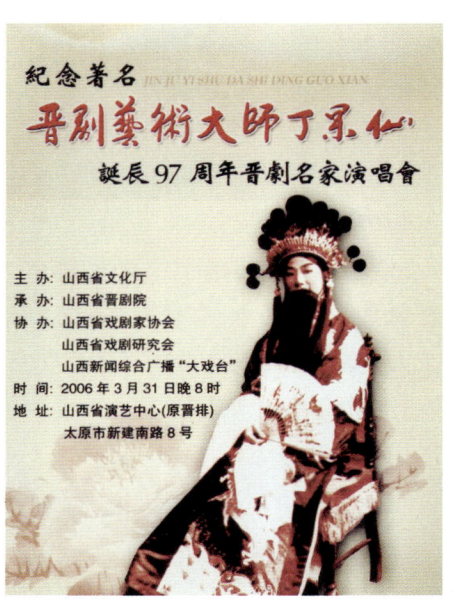

2006年3月，纪念著名晋剧艺术大师丁果仙诞辰九十七周年晋剧名家演唱会招贴。

2006年3月，纪念著名晋剧艺术大师丁果仙诞辰九十七周年晋剧名家演唱会招贴。

2006年3月，纪念著名晋剧艺术大师丁果仙诞辰九十七周年，出版《晋剧须生泰斗丁果仙音配像专辑》。

2009年在纪念晋剧艺术大师丁果仙诞辰百年活动中，由中国戏剧出版社出版的丁果仙百年诞辰纪念文集《晋韵流芳》一书。

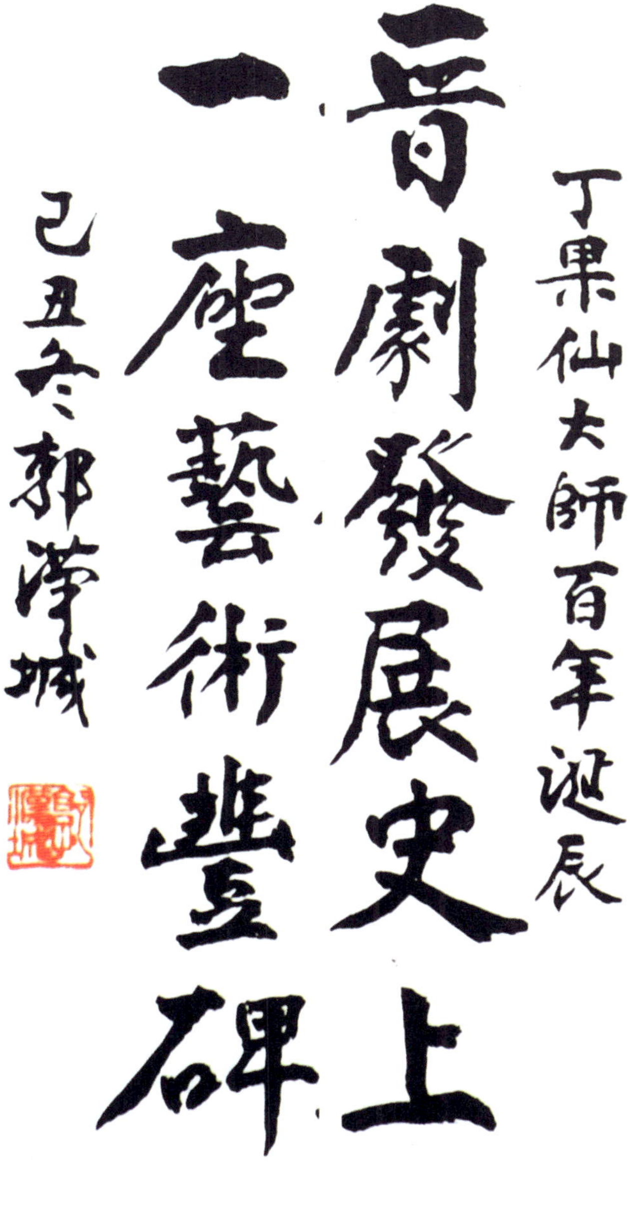

丁果仙大师百年诞辰

晋剧发展史上一座艺术丰碑

己丑冬 郭汉城

戏剧理论家郭汉城题

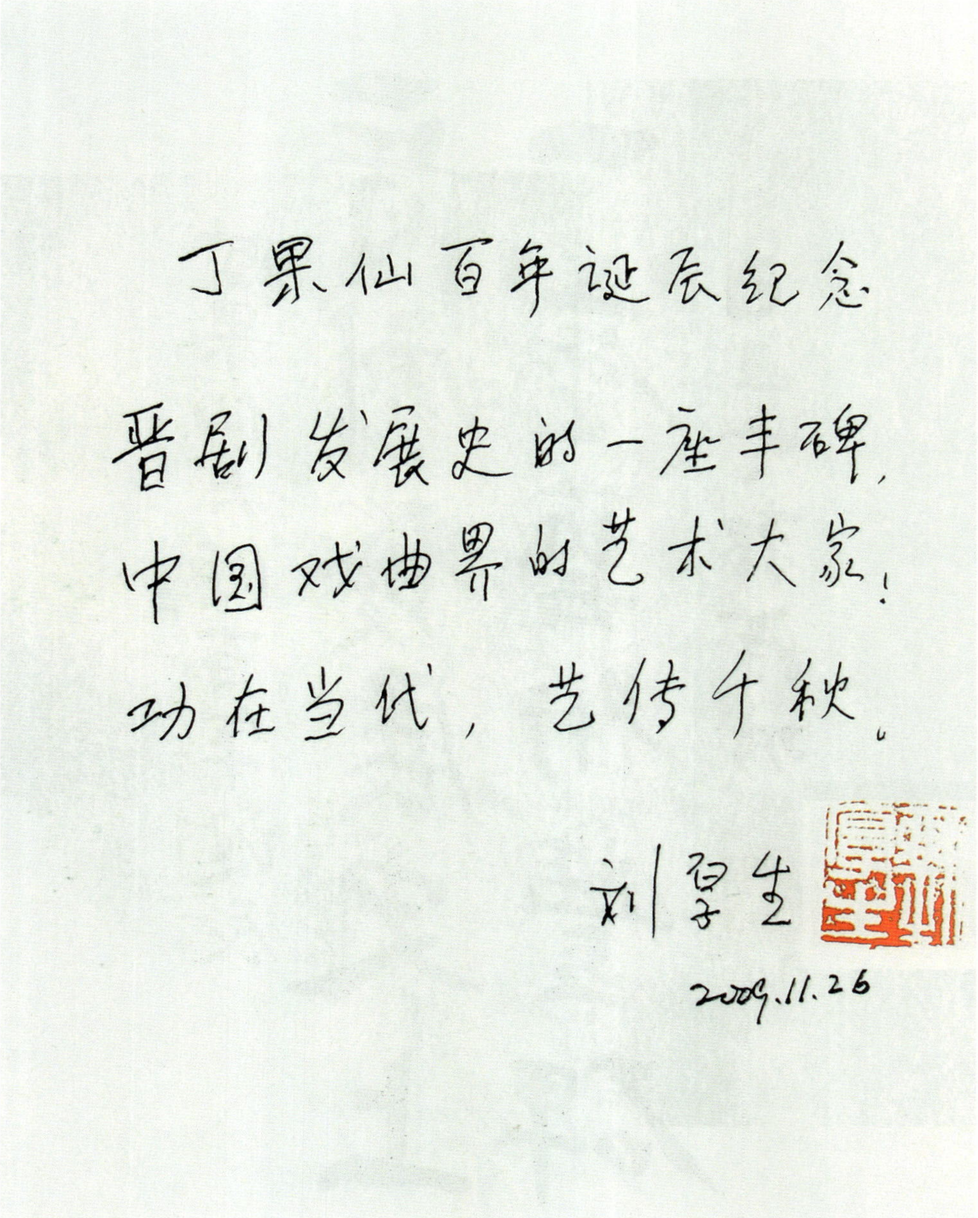

丁果仙百年诞辰纪念

晋剧发展史的一座丰碑，
中国戏曲界的艺术大家！
功在当代，艺传千秋。

刘厚生
2009.11.26

戏剧理论家刘厚生题。

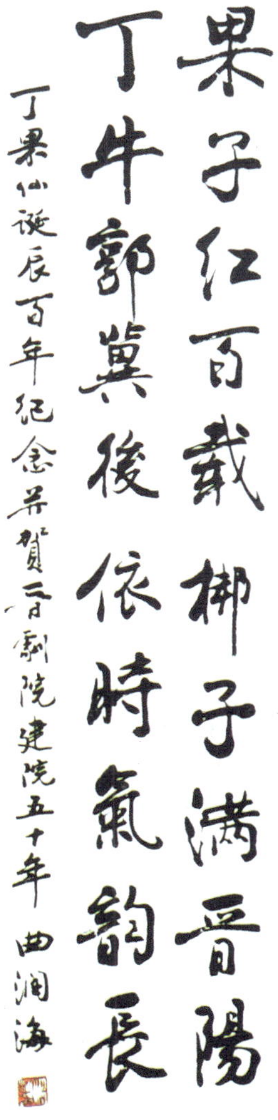

前无古人 后盼来者

祝丁果仙百年诞辰纪念

余从 乙丑年青十月

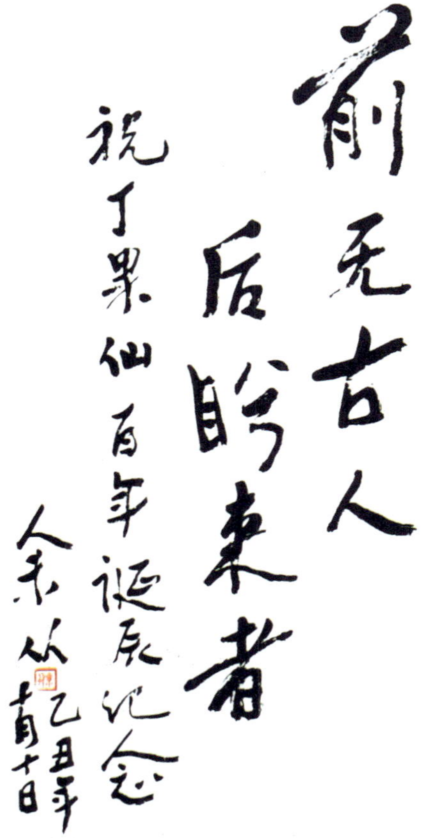

戏剧理论家余从题。

果子红百载 梆子满晋阳
丁牛鄢冀后 依时气韵长

丁果仙诞辰百年纪念并贺晋剧院建院五十年 曲润海

剧作家曲润海题。

2009年12月10日，在山西省演艺厅举行《丁派艺术专场赏评演唱会》，开启了我省丁果仙诞辰一百周年暨山西省晋剧院建院五十周年系列活动序幕。

相关链接

丁果仙诞辰一百周年，省城报刊上发表了很多纪念文章。《技艺超群 品德高尚——著名晋剧表演艺术家丁果仙的故事》一文生动感人，作者张浩，发表在《太原日报》。

七十七岁老人刘光玉画于2015年元月,此画作在《山西省翰墨丹青梨园春书画展》展出。

　　崇拜丁派艺术,已成为人们的信仰,怀念丁果仙,更是亲友、梨园、戏迷乃至文化界的自觉行为。这种文化现象已深深地植根于三晋大地,且与日俱增。

　　逢年过节,常有戏迷们在丁果仙墓碑前吹拉弹唱,相伴于丁大师,恐她孤寂;凡清明时节,总有人在她墓碑前献花祭拜,告慰丁大师远去的英灵。

　　真可谓"思君如流水,何有穷已时。"

下场对子:
粉墨人生假假真真五十四载韶华多彩
彪炳梨园风风雨雨六十三年正道永怀

第三幕

悲欢琴瑟

晋剧坤伶须生开宗泰斗丁果仙之 影行卷

[双调·大德歌]

与心对白

爱伤怀,臆中揣,人生苦难哀。
转头看千载,问心自对白,
情仇爱恨心作怪,与命运和解开。

第一场　听命婚恋

摄于20世纪40年代。

[中吕·满庭芳] 听命婚恋

人生幻化，俯仰百变，风雨花发。
曾经缱绻只作罢，赛咽苦辣。
没奈何听命运为嫁而嫁，悲未央肠百转独自喑哑。
罢，罢，罢，抛牵挂，强平幽怨，艺坛付韶华。

　　1920年，小步云与姐姐巧云随师傅孙竹林进入荣梨园后，丁凤章审时度势，认定此时做粮食生意最宜。恰在这时，巧遇年轻人汪康。

　　汪康祖籍安徽，先父逃避战乱来山西做趸贩稻米生意，后娶妻生子，汪康为老三，小名金科。

　　此时汪康正欲承父业再操米粮生意，与丁凤章一拍即合，双方都看中对方优势，于是在东米市合伙经营起了粮店。为方便管理，丁爷爷丁奶奶带着增旺都搬至粮店后院居住。步云姐妹也住这里。

　　汪康长步云三岁，身材修长，五官端正，一双浓眉下的大眼睛炯炯有神，俊朗、睿智，明理。平日里店前店后、店里店外忙个不停，确是丁家的好搭档。在小步云心里，他就是丁家人，真心感激他对爷爷奶奶的顺从与照顾。

情窦初开的少男少女,哪有不迸发火花的道理?两人的交往日胜一日地亲密起来。

丁凤章是多么精明的人,绝不允许有这样的事发生。在他眼里,小步云是未来的摇钱树,他要牢牢地将她把控在自己的手掌之中,肥水不流外人田,配给增旺才是她的归宿。

于是甜言蜜语理喻,严责恩威并济的扼杀战术开始了。

可怜这对无拳无勇的小人儿哪有抗争之力。"便纵有千种风情更与谁人说",结果只能是人远天涯近!至于丁增旺,步云认准了,他永远是自己的小弟弟。

丁凤章在步云身上可谓费尽心机。

那年七月二十八,众梨园在赶台口的路上,行在清源东罗村,一阵疾风暴雨无法前行,那就躲躲吧,骤雨不终日嘛,待雨驻天晴后再赶路也来得及。

谁曾想,就这一会儿工夫,丁凤章做出一件让人匪夷所思的决定。

避雨的大门道的主人叫詹璀,贩卖油粮杂货,养车壮马雇长工,治家有方,乃全村首富。巧的是此人好闹自乐班,见戏班避雨在自家门道,少不了搭讪,更近热情。他见了步云眼前一亮,竟愿重礼相聘许配小儿成勋。

面对詹家突如其来的求婚,丁凤章不惊不乍,寻思再三。在经历了棒打步云与汪康一对鸳鸯后的他,已经认准了女大不能留,增旺既然留不住她,我留她还有什么意义,何况由己也难!能有如此财大气粗的人家收留,日后步云不愁吃不愁穿,对她也算是个交代,于己也不难傍富发迹。于是便应允了。

面对丁爷爷如此草率的决定,步云好生无奈。好在如今已长大了,她想,戏词里讲"智贵乎早决,勇贵乎必为",我绝不会再次做童养媳,我一定要离开这里。

步云费尽心思,终于找准了打开缺口的目标——女主人。于是和女主人开始了斡旋、舌战。她鹦鹉学舌般晓理,喻情,什么门不当户不对、三教九流戏子猴、什么年龄属相不合，犯克避忌等等，一股脑儿兜出来，把个财主老婆蒙得晕头转向。

交锋奏效了。詹财主赔钱赔物赔脸面，连夜亲自送步云回众梨园。两个时辰的童养媳名分戛然结束。

1926年进入锦艺园，一表人才、一身功夫、一流技艺的头套武生邱树山又出现在步云眼前。两人为同功一体之人，本来同明相照，同类相求，是再自然不过了，如能同欲相趋，最后同衾共枕也是再合适不过了。

试问丁凤章这位丁爷爷会让他们如意吗？

这时的锦艺园，明眼人全明了，是包税人冀午斋专为丁步云起班建社、请名角、拉人马、添行头、置衣箱，才有了如今名家云集、行当齐全、文武场齐名的头等班社，目的不就是包装你丁步云，捧红你丁步云，进而占有你丁步云吗？！

丁凤章胸有成竹，绝不能做逆意背恩之事。眼见得步云和邱树山出双入对，亲密日甚，怎么容得，自然要快刀斩乱麻了。就在九月二十日祁县贾令传统庙会那天，趁二人没戏一起聊天时，丁爷爷终于要发监护人之威了，以他善辩的口才，高举无刺的杀威棒，生生地狠狠地向二人击去……

对于尚处两瞽相扶状态的两个年轻人，如何抵挡得了这迎头击来的杀威棒……

步云再也无法忍受了，十七个年头的苦难：汪康、邱树山、丁增旺，早先的丁成玉，之后的詹成勋，如今又来了冀午斋，她已再无能力如此载沉载浮了……

她吞下了杀人的大烟土……

被救了，心死了，全认了！一切听凭爷爷的无情摆布，只为一个恩字罢了。

1927年农历十月初六在太谷城内西北隅的马连滩25号，明媒正娶与冀午斋举办了婚礼。

《卖画劈门》中饰演白茂林。

第二场　爱人以德

20世纪60年代初的丁果仙。

[正宫·塞鸿秋] 爱人以德

收义女养继子心无隙；男弟子女弟子盼成器；
知交的相左的都大气；受困的遭难的均周恤。
大爱存心际，慈怀寓天地。
琴瑟奏雅俗和人心聚。

　　丁果仙作为一个女人，最不愿意经历的应该是做妾。然而处在旧时代的她，恰恰就给冀午斋做了妾。
　　听命的婚姻，做妾实无奈！
　　然而，冀家老小对她都十分尊重和爱护。当然这情分取决于冀午斋在家中的地位。要知道冀家的发达全靠冀午斋的打拼。
　　婚后第二年她回冀家分娩，不幸遭遇难产，小儿夭折，这个打击恐怕是她此生的最痛吧。一个女人，从此再没有了做母亲的机缘，何等伤痛，不言而喻！然而冀午斋的发妻段振英却善解女人心，把小儿子冀焱送予她，陪伴身边，此举足见她与冀家关系之谐和。

冀午斋之妻段振英。

如今的平遥小胡村，冀午斋的故里。

冀午斋老宅院大门。

冀午斋老宅院的二门和正房。

丁果仙回平遥小胡村冀午斋家分娩时,与丁巧云、丁云花、任玉珍借住过的雷继昌院落。

在接下来的七年间她对冀焱百般呵护,对住在一起的长子冀鑫,也待若己出,又足足证明她与生俱来的迭摧不泯的慈母情怀。

没承想,好日子没过多久,冀午斋因事入狱,出狱后暴病而亡,丁步云面临着新的人生考验。幸有任秀峰于此关头,在事业上给予她真诚的帮助,在情感上使她有所寄托。于是,第二次婚姻便成了顺理成章之事。

走进第二次婚姻的她,又一次做了偏房,这是她始料未及的。胆小怕事的第二任丈夫任秀峰,始终未告知发妻田成芳的存在。不过任家二老倒也尊重儿子的选择,田成芳则以离婚不离家的睿智之举,化解了这场看似暴风骤雨般的家庭风

丁果仙与丈夫任秀峰。(王驿提供)

波,并把亲子继亮送予她抚养。俗语讲"两好合一好",如果没有丁果仙大气、忍让、亲和的大家风度,恐怕绝不会有此结果吧。这正是丁果仙人生辞典里的关键词——大气使然。

任秀峰爱她敬她,关心她,体贴她,成为她以后近四十年的人生旅途中最可依赖的伴侣。任秀峰聪明、能干,他懂得是丁果仙的光辉照亮了自己,但他更懂得自己的角色和位置。在事业上他是丁果仙的好参谋,利用他的文化根底帮丁果仙研读剧本、分析人物、修饰台词等;遇有大的活动,还能帮丁果仙出谋划策,准备个发言稿等;生活上则是丁果仙的好管家,采买理家更衣换季、饮食起居样样都安排得十分周全。他们算得上是好夫妻吧!

对继子继亮更是胜若亲生。继亮一家一直住在丁妈妈的天地坛小院,一家人和和美美,相依相伴,直至晚年。

丁果仙与任秀峰之子任继亮。

相关链接

天地坛位于省督军府东侧百丈之遥,原是明代晋王所建祭祀天地之神坛。天坛地坛本应分别建筑,各依其时举行祭祀活动,晋王府城小地狭,故建于一处。后年久废弃,在空基上陆续修住宅,形成一街五巷的格局。

1935年丁果仙购得二巷十四号,坐北朝南五间正房三间厢房的小院,院井宽绰,有假山一座,玫瑰、石榴数株,可谓名媛宜居处,是丁果仙住了三十七个年头的寓所。

任继亮结婚纪念。（崔继惠提供）

摄于20世纪60年代的全家福。丁果仙夫妇与任继亮、继亮妻张存仙一家三口。

20世纪60年代丁果仙与任继亮。

如今的任继亮和妻子张存仙，仍十分怀念丁妈妈。

（郭宗福提供）

相关链接

丁巧云也是被丁家收养的姑娘，与丁果仙姐妹相称。初学小旦，后改彩旦、老旦，会戏不少，且缺什么角色都可以顶起来，是个少见的"戏篓子"。形象一般，嗓音也不太出色，但很会表达人物的感情。

在丁果仙的人生辞典里，责无旁贷、当仁不让是为另一类关键词。

丁爷爷收养了巧云、步云、爱云三人，毫无血缘关系的三个女孩儿便成为相随相伴、亲密无间的小姐妹。丁爷爷去世了，步云自觉自己是这个家的顶梁柱，姐姐巧云、妹妹爱云的终身大事，责无旁贷该是自己操办。在她的努力下，成全了巧云与郭子泉，爱云与朱德荣，连同自己与任秀峰，择于1936年初秋在新美园举办了三对新人的婚庆。

她收养了丁艳香、丁艳霞、丁拉弟三个义女，皆为见善必迁之举。在她看来，既已成母女，当以慈母之爱待之，只有技艺上的关爱远远不够，必须把她们的终身大事安排妥当才好。于是，艳香嫁与武生赵月楼，艳霞嫁与业主白玉林，拉弟嫁与琴师郭鹏飞之子郭大仁。这一切也都由她一手操办，尽到了义母胜生母的责任。继而隔代抚养薪传丁艳霞遗孤白桂枝及养女白桂英，待若嫡亲。

相关链接

新美园坐落在开化寺南口向西百米处，开化寺西街与东米市街街接的地段。原名四美园，是清末太原府著名妓院，民国初年改为高级饭店。

相关链接

丁艳霞原名袁翠香,1926年生,山西寿阳人。父亲在开化寺经营车马大店,全家都爱看戏。常跟大人出入鸣盛楼大中市等剧场,被丁果仙发现并看中收为义女,传授技艺,当时仅八岁。

悟性极高的她,仅两年的学习,便可登台演《花亭》《赐环》等小戏,颇得观众好评。

在丁果仙的操持下,与太谷胡村人白玉林结婚。可惜英年早逝。女儿白桂枝,养女白桂英,都由丁果仙照管。

相关链接

丁艳香,在丁果仙的撮合下,给初在河北学京剧兼河北梆子、后改唱中路梆子、专攻武生,中年丧妻的赵月楼续弦。生子赵贵保。

相关链接

丁拉弟,长相平平,天生缺乏艺术天赋,学艺不成。

琴师郭鹏飞喜欢拉弟的老实,主动提亲,与自己的儿子郭大仁结婚。

小玉珍

义结金兰的好姐妹邱凤英早亡,将十三岁义女花艳君托孤于她,称她二姨妈。丁果仙悉心照料,无微不至。在演技上更是亲领亲授,屈尊配戏,如《走山》的曹福,《清风亭》的张元秀,《坐窑》的吕蒙正,《四进士》的宋士杰等。玉珍与二姨妈的同台实践,使她灵窍大开,一跃成为名副其实的头套青衣。

玉珍十八岁时,由丁巧云夫妇介绍与新民剧院六大股东之一的姚法礼成婚。二姨妈代已亡义妹邱凤英为其主办婚宴,在新美园包席四桌,家人亲戚同仁好友同来贺喜。在小艳君的成长、成家、成名、立业上,都付出了胜于慈母的关爱。

谁人不惜初恋情,与汪康的初恋留给丁果仙的正如《诗经》中所说"中心藏之,何日忘之"。

当年与步云相互爱恋,但迫于丁凤章的管束,也只能雁影分飞的汪康1938年在步云回令归期间结了婚。到1953年汪康突然托人带信给丁果仙,这是一封临终托孤的遗书:"步云,我将不久人世,唯有一事相求——庆喜交给你了。我自幼分门另立,许坦祖产分清,不愿再麻烦二位兄长。但愿你能视为己出,从严管教,实乃我父子大幸也。感慨涕零,一言难尽,来世有约。汪康绝笔,癸巳孟秋。"

奄奄一息的汪康与丁果仙紧握着手,在泪眼相视中,微笑着离世。

丁果仙安排了汪康后事,由任秀峰去民政部门办了收养手续,十五岁的汪康之子汪锦诚(乳名庆喜则)就与丁果仙夫妇生活在一起,继续上学。

汪锦诚夫妻。（汪钻红提供）

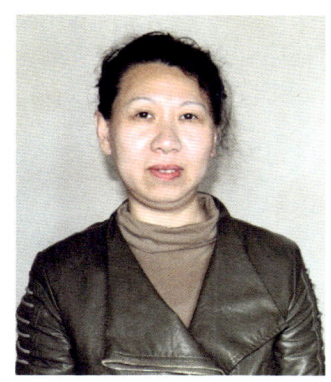

汪钻红

相关链接

汪庆喜，大名汪锦诚。五岁丧娘，十五岁时由父亲汪康托孤给丁妈妈。1955年初中毕业，不愿拖累大人，自告奋勇赴内蒙古草原，支援边疆。艰苦的生活让他熬过一年后离开草原，回到太原，在堂姐的帮助下，先去电机厂学电工，又去棉毛厂当维修工。

1958年报名参军，1962年复员回厂当检验工。与本厂女工赵本宁恋爱结婚，1964年生女钻红。

汪锦诚的成长让丁果仙操碎了心，支边、参军、工作、谈婚论嫁，没有一样让丁果仙称心如意的。但当他成家育女生活有困难时，丁果仙尽释前嫌，毫不计较，很快把一家三口接回家中，给予母亲般的关爱。

想想那时的天地坛院里，住着五姓人组成的大家庭，丁果仙以她大爱无边的赤诚，创造了一个虽人杂但心齐的大家庭氛围。一个其乐融融的大家庭，该是丁果仙尽享天伦之乐的美好时光吧！孙女汪钻红从记事起就和丁奶奶在一起，她说："奶奶对我特别亲，还分给我爸一箱金银、首饰、字画等贵重物品。"

丁果仙上承师下带徒，处处真情，事事完美，无可挑剔。

丁果仙与姐姐丁巧云于20世纪60年代和师傅孙竹林合影。（郭忠福提供）

对师傅秉承"一日为师终身为父"的中华传统美德，做到仁至义尽。

让她红极一时的《拾金·表刘流》，是从一位木匠师傅刘喜只那里学来的。原本是刘喜只哼唱的小曲，素有好奇心的她，听着好听，小小年纪就硬是死缠烂磨从刘喜只那里学来，之后她把三儿生、毛毛旦、天贵旦三位著名老艺人的经典唱腔，经自己革新设计，编排成《花子拾金》，一时轰动，成为她的代表作。后来刘喜只染毒沦为乞丐，欠毒银遭难求助丁果仙，丁果仙慷慨解囊，照账付清，并留他在身边，做到一个徒弟应做的一切。只可惜这刘喜只毒瘾难戒，无可救药，逃离了丁果仙，以后再无音讯。

对于孙竹林师傅，丁果仙更是一路关心一路尽孝。解放后把师傅安排在戏剧学校继续执教带徒弟。

师傅育有四女：秀文、秀英、秀娥、秀春，无子嗣。1962年，刚刚安度晚年的他，度过了七十三个春秋寒暑，走到生命尽头。作为弟子兼校长的丁果仙，主持了老人的葬礼，面面俱到，出殡隆重非同一般，送到双塔寺陵园暂厝。1968年老伴去世,又主持将二位老人合葬于大女婿所在亲贤村坟地。真乃养老送终,生荣死哀!

接下来的日子,丁果仙仍继续关照着孙师傅的女儿们。只可惜时日不多了。

丁果仙与徒弟们的亲密,见证了"爱人者必见爱也"的古训。

丁果仙爱弟子刘宝俊,爱她的学艺吃苦,大有笨鸟先飞的毅力,更爱她的实诚,爱她的朴实无华。师徒亲密无间,不是母女胜似母女,家里的事,外面的事,工作、生活没有不交心不关怀的。刘宝俊对丁果仙的所有关心给予百分百的回报:丁果仙家有什么事,肯定是刘宝俊第一个出现,处于"文革"的特殊环境时,也是她来师傅家最多,她不怕;师傅走了,是她和家人给师傅装穿;又是她第一个跑到省文教办文艺组,要求领导重视治丧事宜;三十多年后又是她带头捐三千元,为师傅在双塔烈士陵园建公墓立碑……

孙竹林之长女孙秀文。

孙竹林之次女孙秀英。

20世纪60年代,丁果仙夫妇与弟子刘宝俊母子合影。(刘宝俊提供)

刘爱英是丁凤章忘年交刘凤翔的孙女。丁、刘两家从河北到山西，在太原府郑村安居以来，一直相处甚密，不是一家人胜似一家人，而且三代人坚守着两家人的和睦亲密关系。爱英称丁果仙为姑姑。丁果仙在"文革"中受煎熬，且身体日渐衰弱的日子里，爱英妈妈刘秀兰带着爱英来到丁果仙身边，从那时起，爱英留下来侍奉丁果仙，直至姑姑离世，前后大约四年时光。如今，已过六旬的刘爱英，只要谈及远去四十年的丁果仙姑姑，都会泪如雨下，深切怀念。

期间，丁果仙把郑村丁凤章留下的土地房产所有证以及给当地政府的信函，悉数交给爱英，托她转交她的父亲刘拴吉，即刘凤翔之子。表达丁爷爷一家对刘凤翔祖孙三代的感激之情。

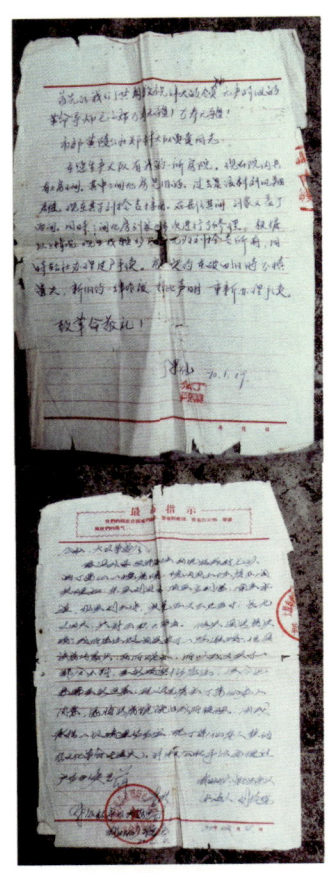

给当地政府的信函。

刘爱英在丁果仙最后时光里，陪伴在她身边。

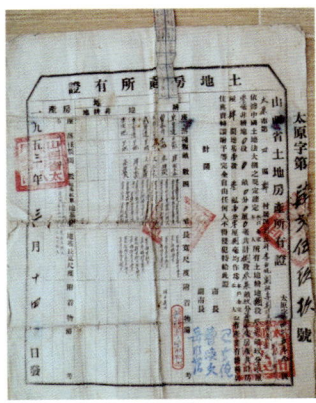

土地房产所有证。

丁果仙的乐善好施、助人为乐是一贯的，在国难当头的岁月，迫于生计，丁果仙能靠演戏挣钱。有位张姓外地记者，曾撰写题为《并垣访果子红记——山西梆子中的余叔岩的近况》的文章，访问了有余叔岩之称（这里主要指其乐善好施、助人为乐）的果子红。这足以说明丁果仙当时有求必应，求助者不在少数的事实。

在丁果仙逝世数十年之后，曾经得到她求助的周志刚老人，临终前向山西日报记者口述的故事，由记者整理成《名伶与母亲》的文章发表，读来让人唏嘘不已。

名伶与母亲

整理者：山西日报记者　　口述者：周志刚

曾梨园的周志刚先生日前因病辞世，老人生前曾动情地讲述了一个故事。笔者听之泪下，几日后即匆匆整理成文。为保持原味，文中仍用第一人称。

1941年，岁暮天寒。将近一个月，太原的气温都在零下二十度左右。街巷积雪久久未见消融。绝大多数商家关门歇业，往常直到"小年"才停演的各大戏班也早已"封箱"。

大水巷开明戏院后台，来自北平的中华戏曲专科学校的年青艺人们此时陷入了巨大的愁苦之中。年前学校被迫停办之后，"四小名旦"之一的大师哥宋德珠牵头成立"颖光社"，带领李和曾、王金璐、李玉茹等崭露头角的师哥师姐们演出于长江沿岸，据说票房尚好。玉字班贺玉钦（中华戏校共有"德、和、金、玉、永"五科学生，周志刚先生属"永字班"，原名周永刚。）也组织了一个"校友社"，带着我们近五十名师弟师妹沿着黄河跑开了码头。冬初到达太原，不久即面临困境。

太平洋战役爆发之后，太原百姓看戏的热情日渐消退，此地京剧观众本就不多，开明戏院已基本无人光顾。五十人中的大多数未带棉衣，只有一件绒衣御寒。每天两顿棒子面粥（此地叫"糊糊"）下肚，饿得连说话的力气也没有了。原来只在戏里听到的"饥寒交迫""末路穷途"这些台词，眼下是真真切切体会到了。贺玉钦在半个月前就想带领我们返北平，可是"望家乡，去路远"，这迢迢千里归程，五十人的盘缠又在哪里？进退无路又告贷无门的贺玉钦"载不动"这"许多愁"，终于发起了低烧。

这时我忽然想起离开北平时，父亲曾告诉我：太原有个张旭初，当年他浪迹平津时和家父过从甚密，听说当上了太原梨园公会的会长。如在太原遇到沟坎，不妨寻他扶助。贺玉钦让张金梁等三位师哥陪我前去求告这位张会长，看来也只能是撞撞大运了。

张旭初好像已经知道我们身在绝境，未等我们说完即站起身来说："我们走，去小濮府。"乍一听，我当时就想，莫不是张会长要带我们到什么高官贵府上淘些"银两"么？其实，小濮府只是一条小街，他在一所很不显眼的门楼前收住脚步，指着门内对我们悄声说道："丁果仙，丁老板。"原来这里是名满三晋的一代名伶丁果仙的宅第，我此时忽然想起一句街头谚语来："丁果仙演男不像女，梅兰芳扮女不似男。"看来太原的百姓是把这位梆子坤生和梨园巨子梅兰芳等量齐观的。当我们进入极不宽绰的庭院时，屋里传出了"那时节插翅也难逃"的唱腔，那是余叔岩《战樊城》中的一句，看来她还在用功。

张旭初一声"丁老板"算是告进，屋内京剧唱段戛然而止，一位瘦瘦的汉子掀起了厚厚的棉门帘。于是，我们第一次看到卸了妆的丁果仙。可能是屋内不太暖和，她仍着一袭棉袍，脚踏一双棉套鞋，只说了一个字："请。"张旭初坐在八仙桌的另一侧，我们四个坐在了丁果仙身旁的一条长凳上。张旭初按照她在师门的排序叫了一声"二姐"，就在火炉上水壶的嘶嘶声中开始了叙述。张会长好口才，说起来声情并茂，关节处竟然几次哽咽。然而我们却没有听见丁先生有一声回应，只见她正襟危坐，面如秋水，似女僧入定，但我们知道她在专心倾听。只是在张旭初喝水时，她才向我们投来悲悯的一瞥，目光极为明亮。

在北平时，我们听说梨园全部坤生中只有两位绝少"雌音"，一位是孟小冬，一位就是这位丁果仙。来到太原不久，就听到了"看一次丁果仙，可有半月夸口"的说法，等我们到大众戏院看了她的《太白醉写》和《渭水河》之后，不能不赞叹她的"美妙绝伦"了。明白了这位容貌不算俊美、嗓子不算嘹亮的女艺人赢得万千宠爱的原委。当你置身戏院，耳听着她苍凉而清亮的唱念，眼瞅着她那潇洒而精致的做表，每一个细处都充满着诗情画意，每出戏都能给你制作出一番大气象来，你不痴迷都难。可眼前这位一脸禅意的中年女子，我怎么也不能把此时的她和舞台上的周文王和李白联系起来。这是同一个人么？

张会长已说完，示意我们先行告退。看来他十分了解这位梨园的擎旗者，他已确认丁果仙必须出手救赎。我们站起身来，向丁先生施礼告别。这时，又是那位瘦瘦的汉子快步掀开门帘，我们似乎听到张旭初对他含混的称呼，他姓武姓吴还是排行第五，我们都不知道，反正我们从那时起开始叫他"五叔"。当我们走近院门时，只听门帘响动，丁先生款款而出。此时月挂中天，清晖满院，她披着一身月光走到我们跟前,轻声说了一句:"难为孩子们。"此时我却从她脸上读到了歉意和愧疚,这是从何而起啊?本来是我们不知天高地厚,误撞深池,完全是我们咎由自取啊!我琢磨,丁果仙或许是悟出了天道,才有了这大悲悯和越位担当。归途中,张金梁师哥说起大众戏院前厅的那块匾额,为上面"皓月清晖"四个字叫绝。也真是,不管这块赞誉丁果仙的牌子出自何人之手,无论艺术舞台还是社会舞台,对于丁果仙来说,以"皓月清晖"四字对她进行描述可谓妙到毫巅。

回到开明戏院,师哥师姐们都在等候消息。时近午夜,张旭初和五叔才带来丁先生的决定:"义演三日。"这是天大的喜讯,但贺玉钦还是担忧:虽然说"德不孤,必有邻",狮子黑、筱桂桃等大牌名角能否招之即来?国难当头,饥寒中的古城百姓还能有心情看戏么?就这样,近五十号人围着火炉直到天亮。早晨有雾,雾散后,太原的街巷贴出"赈济戏校童伶返平义演"的海报,丁果仙、狮子黑、筱桂桃等名家赫然在目,三天戏码是《吕布与貂蝉》《八件衣》和"折子戏专场"。十点刚过,大水巷和毗邻的小水巷即水泄不通。我们正在打扫戏院门前的积雪,只见售票窗口人头攒动,已是一票难求。

早听开明戏院的值更大爷说过,从高官巨贾到贩夫走卒,丁果仙的戏迷队伍可谓浩浩荡荡,但绝大多数深解艺中三昧。三日义演,我们配演戏中家院、兵卒、宫女、丫鬟等,陪丁果仙等一路演下来,才知道此言不虚。就拿掌声来说,与别处就大不相同。这掌声来得急骤,走得迅疾,观众似乎唯恐耽搁了丁果仙那一板一腔、一字一句,甚至一顾一盼、一笑一颦。这位外来的女子不知何时得到天助,令古城观众痴迷若是,也可算是梨园一件奇事。

第四天是张会长组织太原京剧票友公演《四进士》,我被派演顾读。演毕卸妆时,五叔来告知,义演大获成功,次日中午为我们饯行,后天傍晚返北平的车票已经购妥。站在我身后的贺玉钦竟然失声痛哭,他才二十一岁,这"两重天"般的大悲喜他实在经受不起。

位于南仓巷的"清和元"饭庄,餐厅里整齐而洁净,五张桌子四周坐着我们这些衣着单薄而又褴褛的年轻人。五叔朗声说道:"丁老板在这里为大伙饯行,她太累了,让我(他一直把"我"说成"鹅")代她陪侍诸位。兵荒马乱,饭菜不甚精致,请慢用。"五叔这个"慢用"肯定是错了,多日饥馑的年轻人已是虎咽狼吞,那吃相实在不堪,好在五叔知根底,他发现饭菜消耗甚快,多次奔到灶间催促。

就在包子上桌时,五叔向贺玉钦低声说了句什么就离席而去,席毕,只见他率领七八条汉子肩扛着扎成捆的衣物鱼贯而入，堆到柜台上咚咚作响。此时我们又听到了五叔第二次简洁的演讲："丁老板给每人张罗了一身行头，黑斜纹布的帽袄裤靴共四件。时间紧，活不细，分大中小三号，请大家按身量领取。"此时，他不忘幽默一把："请各位小姐屏风后更衣。"角落里倒是摆放着四扇屏风，但师姐师妹们和我们一样，已是"可怜身上衣正单"，早已无衣可更，眼下只能是"增衣"了，而"增衣何须屏风后"，顷刻之间，餐厅里已是黑压压一片。

次日晚七点，半圆寒月天如水。车站月台上，我们的给养刚刚领取完毕，每人四个夹肉烧饼，还有一只大萝卜。五叔手持钱袋，在每个人包烧饼的油纸上拍下两块大洋。我们很清晰，一块大洋已经是平常百姓人家半个月的生计。

有人发现，先生丁果仙正站在月台廊柱下，安详地看着五叔发放盘缠，我们快步涌了过去。只听贺玉钦发一声喊，近五十名身着黑色衣帽的年轻艺人们向这位崇高的救赎者深深地鞠了一躬。此时，我又发现了她瞬间的局促和不安，许多年后我才知道，那是母亲对儿女永远的抱愧；那是只有尊者才有的伟大谦卑。

列车已经慢慢启动，我们都挤到了临近月台的一侧。五叔他们高扬右手，只有丁先生看着我们袖手轻移，那不是充满威仪的虎步龙骧，怎么看也是母亲慈爱的脚步。

在别人眼里，丁果仙在小气、大方这个问题上表现得十分矛盾。

就她自己平常生活而言，常吃素少见荤，白菜豆腐加鸡蛋，一碗二合面剔尖，小米稀粥和子饭，老咸菜顿顿不断，甚至米面上秤称，米瓮面盔里摁手印，防小偷小摸；论穿戴更是简朴到让人费解，很少见她穿新衣，总是缝缝补补，常说"笑破不笑补"；与人交往礼轻意重，上婚礼小暖瓶一对，做满月虎头鞋一双，女秘书坐月子二斤鸡蛋，文化教员母病提一包饼干亲自登门探慰……

然而对于国家和社会的危急，从来是竭尽全力，尽匹夫之责：抗美援朝捐献；办戏校捐戏箱；社会主义改造，公私合营，主动撤出个人股份，交给国家；1958年筹措资金，在北什坊创办长胜中学；1959年入党后有两次缴一万元党费的记载；也有主动申请降薪的行动；更有收留从不认识的失怙恃小女孩的义举；给困难徒弟一次缴十个月的房租等等。

20世纪50年代,与师傅乔国瑞合影。(王驿提供)

丁果仙与鼓师冯万福(右)、琴师刘柱(中)合影。(顾棣摄,王增福提供)

20世纪50年代与同仁合影。前排中狮子黑乔国瑞,后排右1丁果仙,后排左1郭美英。(王驿提供)

丁果仙与鼓师陈晋元合影。（选自《晋韵流芳》）

相关链接

陈晋元（1931—2004），河北省保定市人，艺名六个红。戏曲音乐家。1942年从艺，1948年拜申天福等人为师学鼓板演奏。曾为丁果仙的二百三十余出大小剧目担任司鼓，成绩颇丰。

丁果仙与自己视为义女的高笑梅。（王驿提供）

武荣魁，晋祠南大寺人。太原县名票，丁果仙曾多次向他求教。

丁果仙与白桂英（前左）、高笑梅（前右）、马玉楼（后左）、王桂叶（后右）合影。（选自《晋韵流芳》）

风华正茂时。左起:牛桂英、白桂英、丁果仙、郭凤英。

丁果仙与程玉英合影。

20世纪60年代丁果仙与同仁们在一起。左起:乔玉仙、丁果仙、孔丽贞、牛桂英、刘仙玲。(刘惠兰提供)

20世纪50年代,丁果仙与牛桂英(右)、郭凤英(左)合影。(选自《晋韵流芳》)

与井陉晋剧团原团长荆瑞铣。(栾德保提供)

20世纪60年代丁果仙与小三儿生郑雅楼。

丁果仙与晋中晋剧团演员们在一起。
前排左起：刘改英、白桂英、程伶仙、宋云仙；
后排左起：张金叶、段雅琴、王万梅、丁果仙、荆翠花、李春寿。

20世纪60年代，井陉晋剧团部分演员同丁果仙夫妇在一起。

丁果仙与王琼媚。（张君提供）

相关链接

这两张照片真实地记录了一份特殊情谊。

合影照右为王琼媚，是晋生纺织厂的人民代表，与丁果仙在人代会上相识。

合影照背面的文字是：携手共进，为建设我们的社会主义社会而努力！并希望你多多帮助我。

落款是丁果仙 1955.3.6 于太原市。

单人照背面文字是丁果仙亲笔写下的：赠给 王琼媚同志留念。

落款是丁果仙 1958.12.5。

丁果仙恳切的心情，诚挚的相约以及三年后又赠予自己的照片，说明她们的情谊。只是她们的故事随着"仙逝"，不得而知。惜矣！惜矣！

丁果仙赠王琼媚照及赠照背后文字。（张君提供）

乔懋之子乔振玲。

相关链接

曾与丁果仙合股经营城南光明剧院和城北解放剧院的乔懋,1950年妻子去世,留下一双儿女,儿子狗狗才五岁,丁果仙提出认狗狗为义子,以助乔渡过难关。乔系回民,恐有不便,没有同意。但日后相处依然很密切,就在"文革"那个特殊时期,狗狗(官名乔振铃)还多次亲自登门看望"干娘"。

1951年民主改革时丁果仙主动捐出以上两个剧院属于自己的股份。

1971年秋,她已被病痛折磨得无法外出。在门可罗雀的那个特殊时段,偶有亲朋好友、同仁弟子来探望,她总是为来者担忧,唯恐来者身受牵连,惹来麻烦。

面对跟随自己多年的熊国华,特别是她和剧院人事干部史健一起到来,她非常兴奋。尽管她俩并不代表什么,只是个人探视的行为,但在老人的心里,多了几分安慰,眼前多了些许光明。她从来没有怀疑自己对党的忠诚,解放至今二十三年了,自己入党也十三年了,自己的经历就是对党忠诚的最有力的理由。

此照是丁果仙提议请王驿来拍照的,足见老人此时此刻的心境。看着留在照片上老人眼光的坚定和嘴角的笑意,是那么真挚,仿佛有汩汩暖流从心田涌出。幸哉!幸哉!

此照该是丁果仙大师生前的最后留影了。熊国华(左)曾为丁果仙秘书,与史健(右)看望丁果仙时,在天地坛院合影。

正由于有大爱在心，所以她可以善待周围的一切人和事。也正因如此，才获得了众口一词："她真好！"

常言道"功遂身谢，名由实美"。丁果仙的名来自她的美，她的心灵美。让我们听听她在病榻上跟姐姐、爱英说的那些肺腑之言，去窥视这位大师的灵魂吧！

"汪家的（指庆喜则），咱亲口应承下了，不能对不住走了的人！"

"任家的（指继亮）咱能不管？谁叫咱到人家了呢？"

"还有三狗、四狗一大堆（指任秀峰的外甥们），咱也沾人家光了，住医院就是三狗端弄进来的……"

"没有冀午斋，没有锦艺园，恐怕我这个果子也不会红得那么快。人得有良心，不能忘了人家的好！"

"爱英侍候我快四年了，我把那处旧院给了，也算是一点补敬。"

"唉，我这一辈子欠人的太多了！"

丁果仙告诉爱英：

"等你出嫁时，姑姑要送你一份像样的好陪嫁！"

"等我好了，还要唱戏，非把晋剧改革得像京剧那么好不可。"

"万一我有个三长两短，告诉你姑夫和爹，把我埋到火车道北坟地里，和爷爷一起不孤闷……"

任秀峰有不少甥男外女，周贵旺、贵仓、贵昌、贵荣，也称大狗、三狗、四狗、五狗（二狗早逝）。其中三狗周贵仓可以说是丁果仙生前逝后的最亲近者。

1947年七岁的三狗随父母来到太原。舅妈丁果仙给他一个布制胸卡，贴于胸前，证明是戏班家属，便可以随便出入戏院，于是他有了多次看舅妈演出的机会。长大后，舅妈家缺劳力，三狗懂事，少不了帮舅家做些担水、挑炭、和泥打煤糕之类的体力活儿。三狗三十一岁了才找到对象，舅妈为他高兴，腾出天地坛一间房做婚房，帮他度过暂无房的困难，还给了二百元钱办喜事。

舅妈病重了，是三狗帮着把舅妈送进医院。住院期间，三狗除上班外都侍奉在舅妈身边。贵昌即四狗媳妇也帮舅

任秀峰外甥周贵仓，乳名三狗与夫人和孩子。

舅照顾在舅妈左右。

舅妈走了，半夜接到继亮大哥的报丧消息，又是三狗赶往医院，借了医院推车，与舅父、继亮等一起把舅妈送回天地坛。

20世纪80年代，内向的三狗被挡不住的文思和强烈的责任感驱使着，冲动着，他要尽其所能，把自己所了解的丁果仙真实地告诉世人，以正视听。于是先后写了多篇约有二十万字的关于丁果仙的纪实文学作品，如发表于《城市文学》的《果子陨落时》，《黄河》杂志发表的获奖作品《哦，戏》，另外还有电影文学剧本《果子的背影》等等。

如今，三狗已到耄耋之年，对舅妈艺术的崇敬之情从未改变。常挂在他嘴边的话是："要认识丁果仙必须认识丁果仙在艺术上的成就，更要认识丁派艺术的价值所在，以及丁派艺术对当今晋剧艺术的影响、传承和发展。"

这就是丁果仙，不平凡的丁果仙，有大爱存于心的丁果仙。小气是她克勤克俭本质的外现，大方则是她仁者爱人的高风亮节。

这就是丁果仙，一个无私纯粹的人，一个高尚的人，一个具有男子般宽阔胸怀的女人丁果仙。大爱无痕啊！

对于一个把爱无私奉献的人，无论家庭、夫妻、行业同道，抑或邻里街坊、远近亲朋，自然会睦似鱼水、和如琴瑟了！

下场对子：
义贵正己义为大
德厚流光德不孤

电影《打金枝》中饰演唐代宗。

第四幕

芳烈桃李

晋剧坤伶须生开宗泰斗丁果仙之

影行卷

[越调·凭阑人]

倾心吟

惜才恋艺倾寸心,育养薪传情更淳。

桃李齐竞春,芳烈香后人。

永远乐呵的丁果仙。

丁果仙一生所收徒弟,大致如下:

白桂英(女)	武蕙仙(女)	巩继仙(女)
刘宝俊(女)	马玉楼(女)	李树琴(女)
武　忠(男)	阎慧贞(女)	李守义(男)
郭振琪(男)	刘克勤(男)	温明轸(男)
刘汉银(男)	张鸣琴(女)	黄秀珍(女)
庞翠仙(女)	荆玉玺(男)	于拉荣(女)
牛学祯(女)		

最早的有正式拜师仪式的当为武蕙仙,那还是在日伪时期。丁果仙爱才惜才,当她听到武蕙芬"很像果子红"的传闻后,专门买票去看武演出,发现并认准武是可造之才,纳入门下,并为她改名为武蕙仙。

丁果仙收徒不为赚钱。武蕙仙入室三年,包吃包住,凡有演出,都以师徒三七分成(师七徒三)处理,这在当时实属乖于常理的做法,旧社会学徒期间是没有任

1961年8月，丁果仙与十二个弟子合影。前排左起：刘汉银、刘克勤、李守义、郭振琪、阎慧贞、武忠；后排左起：温明轸、李树琴、马玉楼、丁果仙、白桂英、张鸣琴、刘宝俊。
（王驿提供）

何收入的。她能有违陈规，足见其传艺育人当先的热忱。

中华人民共和国成立以后，她更是待徒如亲人，每个徒弟均如家中成员，徒弟们也把她天地坛的家当成自己家。她对家境贫寒的徒弟更是关怀备至，可以这么说，她对徒弟是贴吃贴穿又贴钱。至于学艺那可就非常严格了，要求徒弟不仅要知其然，还必须知其所以然，谁也别想耍奸偷懒找轻松。机灵有才的、憨厚粗笨的一视同仁，不嫌不弃，耐心传授，直到自己满意为止。

她随着时代的变迁与时俱进，积极筹办剧团培训班，进而戏剧学校，培养戏剧接班人，把眼光和胸怀放置在戏剧事业发展的首位。

学校孩子们多了，她操的心也更多了。捐一副衣箱，用积攒的白布染色，给孩子们做成练功装，校舍问题、教师问题等等，都让她费心不尽。

1961年8月25日，山西省文化厅在迎泽宾馆为丁果仙举办了收徒仪式。之后她的徒弟从省内扩展到省外，荆玉玺、于拉荣是河北省井陉晋剧团的，牛学祯是张家口市晋剧团的。她考虑到他们身处外地，无法随时关照，所以收徒后的第一件事便是教他们立德、做人。她要让徒弟们懂得学艺先做人的道理，以及德与艺的关系。

如今，丁果仙的徒弟们，虽也年事已高，但他们都曾是一方名伶、名士，艺术造诣很高，声名远扬，没有辜负先师的教诲、培育与希望，他们始终不渝地继续传承着丁派艺术，无愧于丁大师的高徒。

有高徒们的不懈，一辈又一辈丁派艺术的传承人们相继成长，桃李芳菲于长城内外！

真传弟子 壮心不已

二捣蛋武蕙仙。
（武蕙仙之女卫晓萍提供）

1957年3月徒弟武蕙仙（右）与梁小云合影。
（卫晓萍提供）

武蕙仙，本姓吴，1921年生于归绥。父丧母嫁皮货商武三明，来到交城，改名武蕙芬，和表妹武一英同入祁县同梨园学戏，拜鹿儿红为师。一英乖张，顽皮捣蛋，起绰号"三捣蛋"，因她行三，蕙芬行二，于是人们称她"二捣蛋"，久而久之，竟成了她的艺名。

大约在20世纪40年代，小蕙芬在榆社西湖井戏园唱《四进士》，人们都说她像果子红，引起丁果仙注意，专程入座观看，确实身手不凡，遂与巩继仙等收为入室弟子，悉心指导，并为其改名为武蕙仙。

巩继仙，与武蕙仙同时被丁果仙收为徒弟。（巩继仙徒弟提供）

徒弟巩继仙在《金沙滩》中饰杨继业。
（巩继仙徒弟提供）

白桂英（1932— ），山西榆次人。白桂英和丁果仙的关系，有别于其他徒弟，白桂英的养母是丁艳霞。丁艳霞与丁艳香、丁拉弟三人是丁果仙的第一班弟子，是认作义女的三个徒弟，丁艳霞不幸于三十五岁时突发心脏病去世，把白桂英完全托给丁果仙看管，称丁果仙为奶奶。

白桂英从九岁认识丁果仙，到同台演出，朝夕相处，正式拜师，前后共同度过了三十九个年头，其中1950年—1959年，长达九年的时间，她们同吃、同住、同排戏、同演出，所以白桂英对丁果仙的了解更全面更深刻。她在纪念丁果仙百年诞辰时写的《清芳馨千古 艺彩照后人》一文中这样写道："不仅从丁果仙那里学到了她的各个拿手戏，更从生活工作的点点滴滴中深刻了解了丁奶奶的思想品德人格，学到了作为一个真正的艺术家所应该具备的广阔胸怀，德行操守，学艺态度和高风亮节。""丁奶奶给了我终生受用不尽的宝贵财富。"

白桂英（左）、武忠（右）、高翠英（中）演出《雏凤凌空》，白桂英饰佘太君。（白桂英提供）

《三关点帅》中，白桂英分饰杨六郎（左）、八贤王（右）。（白桂英提供）

与徒弟刘宝俊合影。（刘宝俊提供）

刘宝俊（1932— ），安徽省宿县人。先后在太原新化剧院、华北人民晋剧团后改为山西省晋剧一团工作。

1956年《取北原》《天水关》中诸葛亮唱段，曾由中国唱片公司灌制唱段唱片。

1961年拜丁果仙为师，获丁果仙真传，其技艺有长足进步。代表剧目有《打金枝》（饰唐代宗）、《清风亭》（饰张元秀）、《渭水河》（饰周文王）、《空城计》（饰诸葛亮）、《哭灵堂》（饰刘备）等。

徒弟刘宝俊在《算粮》中饰薛平贵。（刘宝俊提供）

徒弟刘宝俊在《斩子》中饰杨六郎。（刘宝俊提供）

丁果仙向弟子马玉楼（右）、刘汉银（中）传授技艺。（马玉楼提供）

徒弟马玉楼在《打金枝》中饰唐代宗。（马玉楼提供）

马玉楼（1934— ），国家一级演员。山西省汾阳北关村人，系梨园世家。十三岁入汾阳鼓锋剧团，师从孙福娥学戏，工须生。1950调入太原市新新剧团。丁果仙为马玉楼亲授《杀府》《打金枝》《捉放曹》《卖画劈门》等拿手戏。其表演和唱腔艺术升华到一个新的境界：从单纯学戏进入自觉学艺，从套路式演戏进入创造性演人物。她嗓音浑厚宽柔，喷口有力，吐字清晰，唱腔韵味浓郁，

1961年8月，在北京中南海紫光阁小礼堂，山西省晋剧青年团演出《小宴》《杀宫》《算粮》后，受到周总理接见。（马玉楼提供）

《双罗衫·详状》马玉楼饰姚达（左），郭凤英饰徐继祖（右）。（马玉楼提供）

戏路宽，她演的《打金枝》《捉放曹》《八件衣》《九件衣》《芦花》《金沙滩》《四进士》《失空斩》等剧目是真正的丁派风范。

马玉楼这样说："恩师丁果仙，为了倾力培养我，在《辕门斩子》中，让我演主角杨六郎，她演配角八千岁。""有一次在和平剧院晚上演出完之后，为了给我说戏，她不顾疲劳，不坐车，一路边走边给我说戏，一直步行回家。"又说："在《杀府》中，我改了一个她教我的姿势，她看后，高兴得连声说，好，改得好，改得好。恩师她就是这样虚心，更肯定创新。"

徒弟马玉楼在《四进士》中饰宋士杰。（马玉楼提供）

武忠（1940— ），国家一级演员，享受国务院特殊津贴，太原市晋剧院名誉院长。

武忠学习继承丁派艺术，可谓真正领悟到了其精髓。丁果仙所以创造了丁派艺术，就是她好学善学，博采众长，融会贯通，匠心独运，大胆创造的结果。武忠正是触类旁通，举一反三，化为己用，使他的唱腔念白以及表演独具特色。他大胆将京剧老爷戏搬上晋剧舞台，为晋剧须生男演员开拓了新路。

武忠曾在深情地讲述丁果仙如何观察生活时，这样说："记得那时丁老师家里养只猫，她会一动不动看猫好久，眼睛、爪子、动作等等……走在街上看老人走路，她会跟着走，然后学来用在戏里，触类旁通啊！人们都说我观察生活的能力很强，这都来自丁果仙老师。"

徒弟武忠在《徐策跑城》中饰徐策。
（武忠提供）

丁果仙为弟子武忠传授技艺。（武忠提供）

阎慧贞（1939— ），山西寿阳秦阳上峪村人，国家一级演员，太原市晋剧院名誉院长。她刚刚学戏时，丁果仙曾对她说："我喜欢你这个'女秀才'！"因为阎慧贞是十七岁初中毕业后才开始学戏的，在众多有基础的学员面前她有些自卑。丁果仙鼓励她：孩子，你有你的优势啊，嗓子亮，文化高，个儿大，人缘好。

这个被丁果仙称为"女秀才"的阎慧贞和丁果仙的交往也有别于其他弟子。从戏校大班学生负笈远游开始，就保持了书信往来的习惯。阎慧贞在《寄往天堂的一封信》中这样说："小小的信笺，写满了女儿的思念和妈妈的关爱，同时捎去捎回的还有成绩汇报和鼓励的话语！我喜欢这种神交的方式，许多见面说不出的话，却可以在信中尽情表达。也就是从那时起，我们在信里有了不为他人所知的母女关系，您成了我的丁妈妈……""1961年，政府组织拜师仪式，我是您收的十二个徒弟中的一员。您待人好，尤其对我就像亲姑娘，但有时非常严厉，就因为我的家乡口音，所以发音时带着女声，曾挨您狠狠的训斥。""'你这个家乡话必须改掉，否则就别唱戏了！'如今观众喜欢听我的唱腔，说闭上眼睛也能听清唱的是啥。这都是您严格要求的结果啊！"

与徒弟阎慧贞合影。（阎慧贞提供）

徒弟阎慧贞在《空城计》中饰诸葛亮。（阎慧贞提供）

徒弟李守义。（李守义之弟提供）

李守义，1942年生于山西平遥，太原市戏剧学校大班学生。生性机灵、勤学苦练、多才多艺、能书会画，主攻须生，传统戏、现代戏皆能。是丁果仙1961年收徒十二人之一。

1963年因抑郁症遗传史而自尽。丁果仙闻讯痛彻肺腑，因为李守义是她的爱徒，她爱恨交加："李守义呀李守义，好你个讨债鬼，讨了你爹你妈讨公家，党和人民培养了你，盼你成材，报效家国，你偏偏当了逃兵，比比人家刘胡兰，看看你自己，真是活得无能，死得窝囊……"

李守义一个农家孩子，因家贫早早出来学艺，为的是找口饭吃。丁果仙很疼爱他，在家吃在家住，就像是自家的孩子。如今自杀了，说什么她也难以接受这个事实。在那个视自杀为背叛的年代，让她太痛心了。

《爱甩辫子的姑娘》中，李守义饰小伙子（右）、岳钟香饰姑娘（左）。（选自《山西戏剧图史》）

丁果仙总是不放过一切可以影响徒弟、引领徒弟的机会,给他们以积极向上的精神力量。徒弟温明轸到家里为丁果仙去北京开会送别时,丁果仙送温明轸一条"灯笼"型练功裤,对温明轸说:送你一条练功裤吧,穿上它好好练功,你现在正年轻,现在不把功夫扎实住,等年龄大了后悔就来不及了。

温明轸在题为《丁老师永远活在我心中》一文中说起这件事,他深有感慨地说:"丁老师的这番话激励了我的艺术人生,也给了我探索舞台艺术的力量。"

他还说,丁派艺术所以有如此影响力和感染力,就在于:"丁果仙老师善于观察生活;善于塑造人物;更在于丁果仙老师天才的艺术创造性。"她在艺术上从来不保守,常常在吸收、借鉴、学习一切有益于自己的艺术。而且她的学习不是生搬硬套,不是为学而学,她对有益的东西,总是巧妙地学习过来,吸纳进去,化入自己的舞台表演艺术之中。

徒弟温明轸。

徒弟温明轸在《杀宫》一剧中饰乾祐王刘承祐(左)、肖桂叶饰苏妃(右)。(阎玉庭提供)

比如，她在《打金枝》唐代宗唱的一句"老皇兄与孤王亲肩齐，亲公啊"，她为了更加逼真细腻地塑造人物此时此地的心境，也为了增加舞台表演中的戏趣戏味，"亲公啊"三字拖腔就把祁太秧歌吸收进来，而听起来不露不过，达到了和谐融洽的艺术境界。再如《走山》中一句"姑娘说起，老奴我可担待不起！"这"担待不起"的唱腔，是从豫剧那里借鉴过来的，听起来仍是我们的晋剧，好听得很，有情趣得很。每次演出，每唱完这句摇板总是满堂叫好。再比如人所共知的《四进士》，广大戏剧工作者和广大观众都称这是丁派艺术的代表作，是丁果仙舞台艺术的经典之作。但她的这部代表作却是从京剧马连良的舞台艺术中借鉴而来的，并且在借鉴过程中，早已不是一般意义上的移植，而是经过了丁果仙苦心创造入境之后的晋剧《四进士》了。

刘汉银是丁果仙的第一个男弟子。

丁果仙早有改变山西梆子女演员男角色的想法。

1958年，在一次晋中地区现代戏调演会上，丁果仙发现了刘汉银。于是刘汉银有机会调入中路梆子青年团，有了以后与丁果仙的师徒缘分。

"一记耳光"的故事，大概一定会在这师徒缘分中留下最为深刻的记痕吧！

刘汉银这样说："《卖画劈门》是丁派名剧之一，恩师寄予厚望地把此剧传授给我，可那一次我却捅了个'大娄子'。那是1961年8月，我随团进京去中南海向中央领导汇报演出。在演《卖画劈门》时，剧场不大，舞台和观众距离很近，又明知台下坐着的是中央首长。戏开演了，台下没有一点嘈杂的声音。我心中突然紧张起来，原来烂熟于心的动

《卖画劈门》中刘汉银饰白茂林。（刘汉银提供）

1960年10月在北京，丁果仙、刘汉银师徒合影。（王驿提供）

作出了差错，可我当时根本不知觉。演出完毕，领导们报以热烈掌声，转到后台，当我和其他演员一样沉浸在成功的喜悦中时，突然丁老师走过来，一记响亮的耳光打在我脸上，我莫名其妙，顿时愣在一旁，只听丁老师说道：'你仔细想想哪里错了？'原来，我在台上饰演的白茂林听到敲门声上前开门，心中以为是来抢女儿的恶霸，开门后挥刀劈人，忽见进来的是自家外甥，这时需有一个'藏刀'动作。'藏刀'这一细节是该戏中为表现白茂林'爱憎分明'而特意设定的，也可谓是丁派特色的点睛之笔。丁老师教我时曾多次强调'藏刀'必须到位，而这一次我却把这一动作忘了，这一耳光打醒了我。我作为丁老师的亲传弟子，几十年来在舞台上认真演戏，一丝不苟，扮演的白茂林形象从眼神、台步、唱念和表演身段都较好地继承了丁派的韵味，在观众中渐渐有了一点影响，这都多亏了恩师当年的那一巴掌。""这一巴掌现在觉得胜过黄金百两，使我终生受益。它告诫我们后人：唱戏（细）唱戏（细），来不得半点粗心大意。"

徒弟张鸣琴。

张鸣琴（1938— ），山西省孝义县人。先后在新艺晋剧团、晋中地区青年晋剧团、晋中地区晋剧团工作。

她博采众长，形成了自己独有的唱腔特点，既有丁派唱腔豪放、刚劲的长处，又有马派唱腔激昂、圆润、甜美的演唱特色，给所塑造的每个人物形象注入了独有的唱腔理解。多年来，以自己的高超技艺在不同剧目中展现了不同性格不同身份的众多人物形象。其代表剧目有：《十五贯》（饰况钟）、《芦花》（饰闵德仁）、《打金枝》（饰唐代宗）、《下河东》（饰赵匡胤）、《赵氏孤儿》（饰程婴）等。曾多次获奖。

《下河东》中张鸣琴饰赵匡胤。

徒弟李树琴，大同晋剧团演员。

李树琴在《寇准背靴》中饰寇准。（刘惠兰提供）

徒弟郭振琪。

《捉放曹》中郭振琪饰陈宫（左）、杨致怀饰曹操（中）、杨效璋饰吕伯奢（右）。

徒弟刘克勤。
（阎玉庭提供）

刘克勤在《丰收之后》中饰大队长（中）。

徒弟黄秀珍。
（刘惠兰提供）

徒弟黄秀珍（左）与李玉罄（中）、崔桂梅（右）演出《禅寺亭》。

相关链接

丁果仙画兰，要从20世纪50年代说起。在参加第二次全国政协会议时，她受到毛主席、周总理等党和国家领导人的接见，深深感到：党和人民对自己高度信任，自己必须以更纯真的艺术献给党和人民。她深深懂得艺术之触类旁通的道理，迫切要求从姊妹艺术中汲取营养以丰富自己。

她和著名书画家柯璜熟悉后，选择了绘画，专攻兰草。

1958年前后，梅兰芳、程砚秋、尚小云和周信芳等著名京剧表演艺术家先后来并演出。在接待过程中，丁果仙得知他们兼工书画，更促进了她学习绘画的强烈兴趣。从此以后，她广泛地与书画界人士接触，曾在游介忱老先生那里潜心学画。

功夫不负有心人，经过勤学苦练，丁果仙画的兰千姿百态，出现在各种展览会上。她常泼墨挥毫，选一养性之作画兰赠予亲朋好友、徒弟同仁。

井陉晋剧团的徒弟荆玉玺（左）、于拉荣（右）于1965年合影。（荆玉玺提供）

1963年4月15日丁果仙与徒弟荆玉玺、于拉荣的合影。

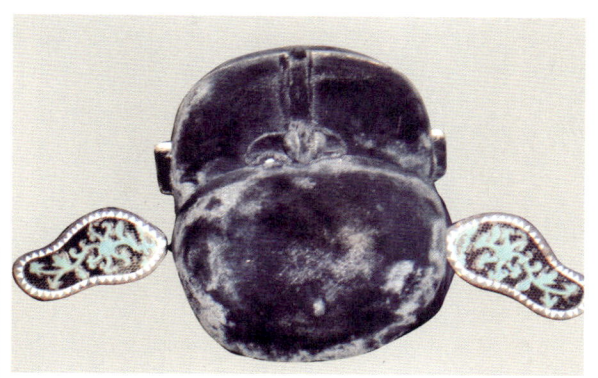

丁果仙把自己戴过的官帽赠予徒弟荆玉玺。（荆玉玺提供）

《兰草》。丁果仙作于1963年6月2日。赠送徒弟于陆仙。（于拉荣提供）

这是丁果仙送弟子于拉荣（于陆仙是丁果仙赠予的名字）画作时写的。透过此赠语不难看出丁果仙在扫盲时取得的成效。

从一个目不识丁的"戏子"到人民艺术家的蜕变，其付出和艰辛不言而喻。

第四幕·芳烈桃李

徒弟庞翠仙在《金沙滩》中饰杨继业。（选自《山西戏剧图史》） 　　丁果仙亲笔签名赠予徒弟庞翠仙的照片。

　　牛学祯，小名云儿，1942年生，山西清徐东木庄人。从小喜欢唱戏，1957年被时任张家口艺校校长的著名晋剧皇后筱桂桃录取为张家口艺校学员，两年后成为张家口晋剧青年团须生行当的台柱子演员。

徒弟牛学祯在《四进士》中饰宋士杰。（牛学祯提供）

1963年拜师丁果仙。丁果仙特别喜欢这位远道而来且憨厚好学的弟子，一字一句地校正唱腔，一招一式地传授《斩子》《空城计》等拿手剧目，牛学祯受益匪浅，成为丁派艺术的又一继承人。

在张家口地区、河北省多次多项获奖，被河北省政府命名为省级优秀知识分子，1991年被评为全国文化系统先进工作者，受到国家领导人接见。

丁果仙与张家口晋剧团弟子牛学祯合影。（牛学祯提供）

杨效璋，1945年出生于山西省介休县。十四岁考入山西省戏曲学校，攻须生。1965年毕业留校，任教至今，退而未休。从省戏校第五班学生开始，约为三十个班学生授课。

他是当年省里名家进课堂培养尖端人才决策的得益者，这个决定使他们几个学须生的学生，有了与丁果仙校长朝夕相处的机会。丁校长爱艺爱徒如命，不管寒冬酷暑从不落课。1962年冬，丁校长身体不适，他们一个冬天都到丁校长家上课，成了真正意义上的"入室"弟子。

丁果仙亦师亦母般的教学，让他终生难忘，成为他此生教学生涯的宝贵财富。

1960年，丁果仙给杨效璋授课。杨效璋饰《捉放曹》中陈宫（右）。

2014年山西电视台为杨效璋举办"我的教学演唱会"专场。

他崇拜丁派艺术的成就,于是孜孜不倦,苦读苦研,不满足于传统教学窠臼,努力寻找丁派唱腔艺术独特的声乐理论依据,他的"唱念要诀"四字经值得推崇。在五十年的教学实践中,反复研究、反复总结,取得不同凡响的成绩。他的学生中不乏名人。

2014年省电视台,为他举办了"我的教学演唱会"专场。

杨效璋给学生冯斌讲授《卖画劈门》中白茂林人物刻画。

李玉成，1950年出生，山西汾阳人，国家一级演员。在大同市晋剧团工作。虽未直接拜师丁果仙，但因一段《双罗衫》道白结缘。在"文革"期间，李玉成是省戏校第四班学生，丁果仙与小同学李玉成同为受害人。丁校长每天清晨都能听到李玉成练《双罗衫》中"详状"的道白，丁校长为他不畏政治压力勤学苦练的精神所感动，在近半年的时光里，悄悄给他说戏，亲授《详状》《空城计》《蝴蝶杯》。名师点拨，受益匪浅。李玉成实属丁果仙的别样弟子。而且其妻孙秀娥系丁果仙师傅孙竹林之三女。

代表剧有：《打金枝》《血手印》《薛刚反唐》《斩子》《野猪林》等。

李玉成在新编历史剧《边城罢剑》中饰王崇古。

李玉成在现代戏《母亲河之恋》中饰金老汉。

李玉成在《打金枝》中饰唐代宗。杜玉梅（左）李爱梅（右）分饰昇平公主和郭暧。

第四幕·芳烈桃李

1962年12月，河北省井陉晋剧团、太原市实验晋剧团、太原市晋剧团、太原市晋阳晋剧团演员拜师合影。（栾德保提供）

1962年河北省井陉晋剧团来太原拜师纪念。（栾德保提供）

这里是太原市戏剧学校的校园,没有练功房,大院就是他们的练功场地。

　　这里是丁果仙最最牵挂的地方,每个孩子都装在她的心里。直到她离开太原市荣调省晋剧院后,仍放心不下他们。

　　孩子们负笈远游了,她盼着孩子们早点回来,极像慈母盼儿归来一样,难怪孩子们回来时,她亲临车站接人,见到孩子们的第一句话就是"你们可也回来了!"急切的思念盼归之情溢于言表。

　　哪个孩子得病了,她会马上联系医院;哪个孩子家里有困难了,她会马上给予资助。

1955年5月31日,太原市戏剧学校成立,地址大濮府。学生在院子里上课、练功。(选自《山西戏剧图史》)

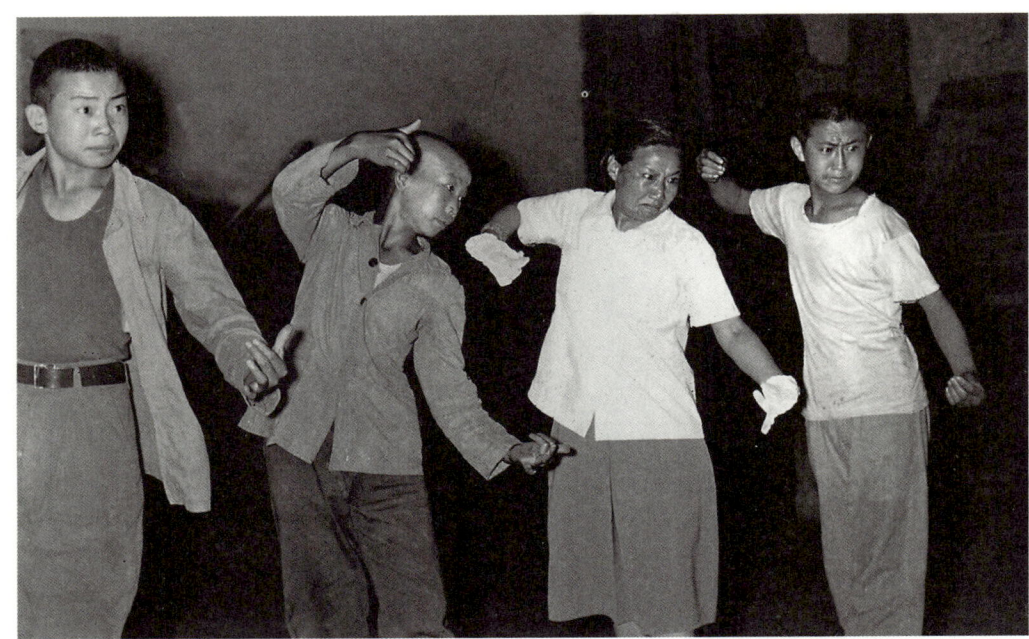

丁果仙为太原市戏剧学校学生武忠（左1）、齐天寿（左2）、魏福喜（左4）做示范。（选自《晋韵流芳》）

1961年12月15日，太原市戏剧学校第一批学生毕业暨太原市实验剧团建团留念。

与市戏剧学校的师生们在一起。

1962年与省戏剧学校师生在一起。

1965年夏,省戏曲学校晋表二班学生(前排左起)杨效璋、侯正中、陈继舜、于化隆,(后排)杨志怀(左2)、张清玉(左3)、张绍文(右1)、续世民(右2)和丁果仙校长(左4)、李文虎老师(右3)合影。(任秀峰摄影)

第四幕·芳烈桃李

如今的丁果仙徒弟马玉楼（左）、武忠（右）　　刘宝俊（左）、刘汉银（右）

再传弟子　异彩纷呈

丁果仙的弟子一个个出类拔萃，如今他们都已升级为师傅，个个都收徒了。他们的徒弟也都十分出色，是如今山西梆子舞台上的顶梁柱，更是继续传承丁派艺术的中坚力量，均在艺术领域取得不凡成绩。

马玉楼的亲传弟子王二庆获国家一级演员、省"五个一"工程奖、山西省文化厅党组联系的高级专家、全国第三届戏曲北方片展演优秀演员奖、杏花奖等荣誉。王二庆说："在这些荣誉上都闪耀着丁派艺术的熠熠光辉。作为一个丁派艺术的再传弟子，我一定要再接再厉，尽心竭力，为丁派艺术的发扬光大奋斗不息，再尽绵薄之力！"马玉楼的徒弟很多，还有渠建红、王铁梅、赵更香、杨红露、赵春梅等。

白桂英、刘宝俊的弟子孙红丽，也很出色，孙红丽自己说："我之所以能在各项活动中获奖，在广大晋剧爱好者中有较好口碑，是

白桂英（左）、温明轸（右）　　　　张鸣琴（左）、阎慧贞（右）。

大家认可我的丁派风韵，加上众多丁派弟子开发了我，塑造了我，是他们精心的传授以及生活上无微不至的关爱，我才有现在的成绩。我能成为丁派再传弟子是我的造化，我愿为继承和发扬丁派艺术奋斗终生。"

刘宝俊的徒弟还有乔文萍、冯斌、刘平平、郭仙枝等。

武忠的弟子，有武凌云、牛建伟、周胜利、杜录、檀俊明、王彦青、贾全康、郝文龙、王晋文、李道宗、洛志刚、贾瑞琴、李斌俊、史连英、郭坚、王海明、马国、谢冰、王鹏等。

阎慧贞的徒弟有：潘世珍、武卫仙、

武存英、钱桂兰、耿春梅、刘红霞、侯俊琴、孟素兰、韩秀瑞、马建霞、温姬萍、安冬秀、王云婷等。

刘汉银的徒弟有：李明星、茹云、郭万山、张林珍、陶忠文、路喜录、李晋龙、樊利生、郭建平、曹成生、韩自荣、郭卫正等。

张鸣琴的徒弟有：杨红丽、曲会萍、荣爱梅、李世琴、雷霆、张金花、胡仲红等。

荆玉玺的徒弟有：仇丽荣、董新春、李志军等。

于拉荣的徒弟有：王春明、吴玉荣、刘玉生、武密林、冯惠英等。

山西电视台举办丁派传人演唱会后留影。右1为丁果仙于1958年收的票友徒弟崔喜元。

　　杨红丽，1958年生于梨园世家。父亲杨录光国家二级演员，母亲张鸣琴国家一级演员。母亲亦母亦师。杨红丽获母亲真传，颇具母亲风采，故有"小鸣琴"之口碑载道。国家一级演员。"梅花奖"获得者。

　　1995年自筹资金组建晋中市"小鸣琴"晋剧团。如今任"小鸣琴"晋剧院书记，常年率团在乡镇、农村、矿区演出，平均每年演出四百余场，深受广大群众欢迎。

　　代表剧目：《下河东》《芦花》《十五贯》等。

《下河东》中饰赵匡胤。

《芦花》中饰闵德仁（右）。

《蒯彻装疯》中饰蒯彻。

《徐策跑城》中饰徐策。

武凌云，晋剧男须生获"梅花奖"第一人。

1964年出生，国家一级演员，"梅花奖"获得者。现任太原市晋剧艺术研究院副院长。

是武忠的徒，也是武忠之子。在继承父辈优秀传统的基础上发展自己，唱做念打，文武不挡，是名副其实全面发展的"三晋男梅第一枝"。

代表剧目：《徐策跑城》《古城会》《玉带传奇》等。

家是又一方舞台。武凌云与父武忠（右）、母阎慧贞（左）在家说戏，三个须生也是一台戏。

《古城会》中饰关公。

《卧虎令》中饰董宣。

《困河东》中饰赵匡胤。

《芦花》中饰闵德仁。

渠建红，1968年出生，山西省平遥县人，国家一级演员。现在内蒙古自治区呼和浩特民族演艺集团工作。拜马玉楼为师，"梅花奖"获得者。

代表剧目：《打金枝》《空城计》《芦花》《卧虎令》《下河东》等。有塞外第一老生之称。

杜录，生于1952年，山西省右玉县人，国家一级演员，在大同市晋剧院工作，1983年拜师武忠。

代表剧目：《打金枝》《跑城》《斩子》《走雪山》《空城计》《卖画劈门》《下河东》等。

《跑城》中饰徐策。

《八义图》中饰田婴。

仇丽荣，1960年出生，河北省井陉人。井陉晋剧团工作。国家一级演员，拜荆玉玺为师。

代表剧目：《打金枝》《卖画劈门》《杀驿》等。

《打金枝》中饰唐代宗。

《井陉口》中饰韩信。　　《杀驿》中饰宋承恩。

《徐策跑城》中饰徐策。

《刺赵》中饰豫让。

现代戏《上马街》中饰车伍儿。

　　牛建伟，1966年出生，山西省清徐县人。国家一级演员。现在太原市晋剧艺术研究院工作，拜武忠为师。

　　代表剧目：《薛刚反唐》《双罗衫》《教子》《齐王拉马》《凤台关》和现代戏《上马街》等。

孙红丽,1967年出生,太原市阳曲县西庄村人,国家一级演员,现在山西省晋剧院工作。

拜白桂英、刘宝俊为师,后又拜马派传人李月仙为师,在校期间受丁果仙学生杨效璋老师亲传教授。有"小果子红"之称。

代表剧目:《空城计》《辕门斩子》《走山》《日月图》等。

《辕门斩子》中饰杨六郎。

媒体评论。

《诸葛亮吊孝》中饰诸葛亮。

周胜利，1967年出生，内蒙古呼和浩特市人，国家一级演员，现任呼和浩特市晋剧团团长。拜武忠为师。

代表剧目：《跑城》《满都海》等。

《满都海》中饰满都海。

《杨门女将》中饰采药人。

《跑城》中饰徐策。

王铁梅,1967年出生,山西省汾阳县人。在山西省晋剧院工作。国家一级演员,拜马玉楼为师。

代表剧目:《打金枝》《芦花》《介子推》《卧虎令》《杀驿》等。

《芦花》中饰闵德仁。

《卧虎令》中饰董宣。

《介子推》中饰介子推。

晋剧《丁果仙》中饰丁果仙。

《打金枝》中饰唐王。

谢涛，一个自称丁果仙私淑弟子的谢涛。是的，她未能亲自接受丁果仙的传艺，但敬仰丁果仙并尊为师，是名副其实的私淑弟子。

出身于艺术家庭的她，又接受了戏曲艺术的科班教育，且身边名家众多，她的学艺道路真可谓足食足兵的阳光大道。

排演现代戏《丁果仙》，她饰演丁果仙，让她真正领略了丁派艺术的真谛。《丁果仙》在京演出，引起轰动，获得第十四届"中国戏剧梅花奖"。著名戏剧家郭汉城先生看过演出后说：我想，今后观众可能会叫你"小果子红"吧。这里不难看出，这是对谢涛与丁果仙大师艺术传承关系的认可。

之后，谢涛排演了《范进中举》（饰范进）《傅山进京》（饰傅山）以及丁果仙大师的经典剧目《芦花》等。又二度夺得"梅花表演奖"。

谢涛自己这样说："这是社会对我的认可和鼓励。我更看重表演艺术家牛桂英、

《范进中举》中饰范进。

《傅山进京》中饰傅山。

《芦花》中饰闵德仁。

花艳君等老师的评价,她们说'我们看到你的傅山,就想到'老太太'演的屈原!'老太太'是她们对丁大师的昵称。这种评价对我的鼓舞不亚于获得诸多奖项。"

贾全康,1943年出生,山西省忻州市人,国家二级演员,曾在忻州市晋剧团工作,拜武忠为师。

代表剧目:《金瓮碑》《义仆忠魂》《跑城》等。

《跑城》中饰徐策。

檀俊明，1962年出生，山西省盂县人。国家二级演员。现在太原市晋剧艺术研究院工作。拜武忠为师。

代表剧目：《徐策跑城》《莲花庵》《五女拜寿》等。

在《杨门女将》中饰采药老人。

王彦青，1962年出生，山西省盂县人，国家二级演员，现在盂县晋剧团工作。拜武忠为师。

代表剧目：《跑城》《五女拜寿》《杨门女将》《杀府》《深宫情恨》等。

《徐策跑城》中饰徐策。

郭建平，1962年出生，山西省平遥县人。在吕梁晋剧团工作，国家二级演员。拜刘汉银为师。

代表剧目：《空城计》《卖画劈门》《打金枝》《金沙滩》等。

《金沙滩》中饰杨老令公。

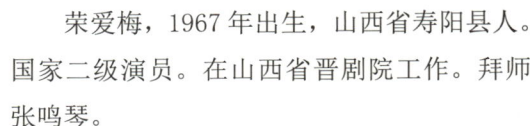

荣爱梅，1967年出生，山西省寿阳县人。国家二级演员。在山西省晋剧院工作。拜师张鸣琴。

代表剧目：《芦花》《下河东》。

《芦花》中饰闵德仁。

《空城计》中饰诸葛亮。

潘世珍，1969年出生，山西省寿阳县人，国家二级演员。现在太原市晋剧艺术研究院二团工作。拜阎慧贞为师。

代表剧目：《空城计》《芦花》《卧虎令》《三关点帅》等。

第四幕·芳烈桃李

董新春，1969年出生，河南省临颍县人。国家二级演员。现在阳泉市豫剧团工作。拜荆玉玺为师。

代表剧目：《徐策跑城》《五更惊雷》《包公碑》《红灯记》等。

《徐策跑城》中饰徐策。

在《游龟山》中饰田云山。

李明星，1971年出生，山西省大同市人，在山西省晋剧院工作，国家二级演员。拜刘汉银为师。

代表剧目：《武则天与狄仁杰》《打金枝》《乌龙院》《赵氏孤儿》《斩黄袍》《清风亭》《卖画劈门》等。

第四幕·芳烈桃李

陶忠文，1968年出生，山西省阳泉平定人，自学成才，攻须生，后拜刘汉银为师。2000年投资创办阳泉市青年团，任团长。十多年来，活跃于工矿、乡村，坚持不懈，每年平均演出三百余场。

代表剧目：《卖画劈门》《义仆忠魂》《金沙滩》《薛刚反唐》《白沟河》等。

陶忠文多角色呈现。

耿春梅，1952年出生，太原小店人。曾为太原市南郊区晋剧团须生演员，获得过省市多个戏剧奖项。拜阎慧贞为师，学得丁派《打金枝》《交印》《芦花》等名剧；又向武忠学得《十五贯·见都》一剧。

耿春梅与其丈夫罗赖娃，在传承丁派艺术的道路上讲实效办实事，传为佳话。为了把丁派艺术发扬光大，曾多次出资组织各种演唱活动，单就2012年组织"丁果仙逝世四十周年纪念演唱会"来说，就出资十四万余元，请来丁果仙八大弟子（白桂英、刘宝俊、马玉楼、武忠、阎慧贞、刘汉银、温明轸、张鸣琴）以及他们的徒弟，还有老艺术家花艳君、程玉英等百余人。在小店搭台演唱，整整一日。左近村民齐聚小店，耿春梅夫妇一并备餐招待，热闹非凡，轰动一时。

在《斩子》中饰杨六郎。

耿春梅（后左）与丈夫罗赖娃（后右）和阎慧贞（前左）武忠（前右）夫妇在一起。

2012年在小店举办"纪念晋剧艺术大师丁果仙逝世四十周年晋剧名家演唱会"现场。

　　丁大师的亲传弟子们,老骥伏枥,仍勤厉于丁派艺术的传承工作。他们的弟子,即丁大师的再传弟子们,如今已是传承丁派艺术的中坚力量。在他们的努力下,众多彰显丁派艺术的新剧目,不仅丰富着晋剧艺苑,更证明了丁派艺术依然在创新的路上砥砺前行,发扬光大。

　　下场对子:
　　几番耕耘赢来桃李竞放
　　一代雄才引领风骚高扬

尾声

告白

晋剧坤伶须生开宗泰斗丁果仙之 影行卷

[中吕·十二月过尧民歌]

告白

七痴人眷念拳拳,慕大师气类团团。
却迟暮心斋璨璨,秉德性放眼宽宽。
置和同畅怀侃侃,访踪迹敬慎谦谦。
(过)寻得亡事悲与欢,觅得故里苦与甜。
你煎熬时我熬煎,你圆梦时我梦圆。
五年也么,无眠意安然,宵旰适吾愿。

记得那一天——2012年9月5日。

在杨公秋实的心润斋。

六个痴人,应杨公秋实、张公桂根二位的倡议,达成共识,当即成立《丁果仙传》创作组,更有赵公威龙自告奋勇愿主笔完成。

遂有2012年9月10日六人签下的一份《〈丁果仙传记〉编撰创作小组协议书》。

2012年9月10日六老人签下的编撰《丁果仙传记》的协议书。

要说明的是:

杨秋实,1924年生,当时已是八十九岁耄耋之人。曾任太原市文化局戏剧科科长、太原市实验晋剧团团长,太原市晋剧艺术研究院顾问。现任太原市剧协名誉主席,太原市艺术创作规划指导评审委员会委员,中华梨园学研究会顾问。

张桂根,1931年生,当时已是八十一岁耄耋之人。工人作家。曾任太原市化工局教育科科长,省市作协会员、理事。太原市老作家协会创始人。

赵威龙，1939年生，当时已是七十四岁古稀之人。剧作家。曾任太原市戏剧研究所副所长。

华敏，1940年生，当时已是七十三岁古稀之人。曾任太原市戏剧研究组编剧，北岳文艺出版社编审。

阎玉庭，1946年生，当时已是六十七岁花甲之人。戏剧活动家。曾任山西省戏剧研究所副所长，山西省戏剧研究会副秘书长。

刘惠兰，1948年生，当时已是六十五岁花甲之人，太原市实验晋剧院国家二级演员。

这就是当时平均年龄七十五岁的草根编创组六位成员。

2014年3月19日，当时已是五十七岁的戏迷、戏剧资料收藏家段兴旺自愿加入草根组。

同一天决定撰写《丁果仙图传》一书。由华敏主笔编撰。

2015年2月12日，创作组全体成员决定，再编辑《丁果仙评论集》。由阎玉庭主编。

于是《丁果仙传》《丁果仙图传》《丁果仙评论集》集结配套出版的编写计划得以充实。书名定为《晋剧坤伶须生开宗泰斗丁果仙》之《春秋》卷、《影行》卷、《品评》卷。

2015年炎夏，在杨公心润斋草根编创组七人研讨《影行》卷书稿。

2015年4月22日，草根编创组与特邀顾问、出版社编辑共商《丁果仙传》分卷体例。前排右起：杨秋实、郭士星、曲润海、张仁健、张桂根。后排右起：段兴旺、刘惠兰、阎玉庭、赵咸龙、华敏、陈洋。

2016年春，三卷书稿全部完成。草根七人在杨公心润斋留影。

期间，诚聘曲润海（山西省文化厅原厅长，中国戏曲学会副会长，中国艺术研究院原常务副院长、党委书记）、郭士星（山西省文化厅原副厅长，山西省戏剧家协会副主席，山西省艺术理论研究会常务副会长）、张仁健（北岳文艺出版社原副总编，《名作欣赏》原主编、编审，著有《丁果仙艺术生涯评传》）三位先生担任顾问，曾多次倾听他们的意见和建议。北岳文艺出版社副编审陈洋，从最初发现这部书稿，力谏将书稿留在山西本土出版，到主动参与全书的编辑策划，做了积极有效的工作。

还要特别感谢我们的编外摄影专家王驿师傅。我们并州七老草根编创组的全体，向他致以诚挚的敬意！是他用镜头留住了唐代宗、李太白、白茂林、田云山、诸葛亮、宋士杰等丁果仙大师所饰演的诸多形象；更是他悉心珍藏多帧丁大师玉照，为丁果仙三卷本的出版增色添彩！

原开明照相馆摄影师　王驿

相关链接

开明照相馆坐落在钟楼街东端路北，是太原市最具名望的老字号照相馆。

王驿师傅是开明照相馆的摄影师，曾为丁果仙拍摄过无数照片，用镜头和胶片记录了丁大师的台上风采和生活倩影。在出版《晋剧坤伶须生开宗泰斗丁果仙》一书中，王驿师傅提供了多帧自己收藏的丁大师的珍贵照片，得以让读者领略丁果仙的大师风范，功不可没。

不知不觉五个年头过去了。五个年头的夙夜不懈，五个年头的酸甜苦辣，真想给大师倾诉倾诉！

我们想说：是大师的风范，是大师对晋剧艺术的贡献，更是大师艺海风云的人格魅力深深地吸引着我们，让我们敬仰着、聚拢着、努力着、忘我着、展望着、祝愿着……

缅怀丁果仙——心灵深处的挽歌

杨秋实

一代才人,晋剧泰斗丁果仙大师驾鹤仙去已有四十多个年头了。她的艺术业绩享誉京津、华北、西北各省市。她激情慷慨的歌声和精湛的演技传播到广大城乡,一直为戏迷票友所喜闻乐道。我曾有幸在太原解放初期,因工作关系得与丁大师同事,公交私谊而相熟相知。

在以往风雷激荡岁月交往过程中,她始终示人以美好的形象。我敬重她的爱国主义精神和拥护共产党的信仰理念,在抗美援朝前线慰问志愿军演出、福建前线劳军慰问演出及上山下乡为工农兵服务演出中都有突出贡献。她能弃旧图新,改造世界观,升华为新中国的文艺工作者,是戏曲界最先接纳的中共党员。

我敬重她尊师敬业改革创新的精神,在传统优秀剧目及新编剧目中,她塑造了众多鲜活生动丰满深刻的人物艺术形象。如:唐代宗、田云山、闵德仁、杨知县、老曹福、宋士杰、陈宫、徐达等等……特别是勇于攀登高峰,塑造了大诗人屈原的高大形象。"雷电颂"一场,引吭高歌感染观众,大有"一声何满子,双泪落君前"之概,实是经典作品。我敬重她和筱吉仙(张宝魁)先生同样具有远见卓识,鼎力举办戏剧训练班,传授晋剧传统优秀作品,培育晋剧新生力量。他的弟子人数众多,如今都是苍松翠柏,各有千秋。接踵而来步丁派后尘者为数不少,各展抱负将丁派艺术薪火传承不息。

我敬重她具有高尚的艺术人品,众所认知:丁大师是位仁者、智者,是富有同情善良的人。待人接物正直诚信,如清澈的山泉,有芳草的气息,对下属小辈,有长者的风度和君子的气质。我在和她近距离接触中能感受到她的人格魅力。她做人行事

如谦谦君子，一向保持淡定低调，不因得意而张扬。她禀赋清白正直，自尊自重，对上级及拥有权势财富者，从无奉承献媚之俗态。谚云："莲性自洁，桂质本贞"，以物喻人，恰是对她人格修养的说明。

当工作或演出有不顺畅的时候，她往往沉默寡言，闷闷不乐，偶尔也有在舞台演出不大协调，不堪忍受憋屈难以自制而爆发的事情，但终了还是顾大局识大体，以团结为重宽容忍让而化解矛盾，所以，对她冠以德艺双馨的称号公众无不折腰信服。

我敬重她在生活方面自奉俭约的精神，饮食不贪口腹之恣，保持普通人家生活水平。着装朴素无华，但却注重仪表形象，端庄娴雅沉静。1957年夏季在西安演出的一个多月中，出入见她常穿一套浅灰色的连衣裙，素面朝天。生活节俭是一种美德，对丁大师来说早已形成一种习惯，但她常出大手笔，历次自愿降低个人工资，为办学育才捐献戏箱，把巨额存款交了党费。

我还敬重大师奋发进取自强不息的学习精神，她深谙各艺术门类相通相辅相成的道理，在戏剧界开展扫盲识字活动之后，师从书法名家游介忱先生学习国画花卉，连续出入典膳所游宅，执弟子之礼学而不厌，坚持恒心毅力，锲而不舍，两年之后，幅幅写意兰草呈于堂上。作品果然不俗，有形有神耐人品鉴观赏。她在饰演屈原时得到郭沫若剧作中"橘颂"的精神启示，画兰也得到物象的精魂，自然加深了她个人的艺术素养，而非附庸风雅。于是上门向大师求画者不少，而她也不时乘兴挥毫作画赠给友人及弟子们。

丁大师还有很多嘉言懿行，在本省文艺戏剧界众多人士心目中早已为她树立起来一座丰碑。

她作为戏剧界领军人物，大家共同期望在党的正确文艺路线指引下，勠力同心，为晋剧艺术的繁荣发展再创辉煌，但在遭遇一场大变故后，果子红壮志半酬身先死，常使我辈深沉痛惜。所幸早已正本清源，大师的英名永在。

虽然她的人生是惨淡的，但终究是辉煌的，她毕生奉献给社会巨大的精神财富，即传承中华民族的精粹文化，是高山流水之曲，优美悦耳的天籁之音，是传世不朽的戏曲表演经典之作，体现了人生价值。所以我们在她的诞辰或忌日或是清明节日，不再多为她唏嘘泪飞，只有缅怀思念，津津乐道，向她的英灵致敬！诚服她是晋剧一代宗师，是现代女中英杰，是妇女模范，果子红才是个阆苑仙葩。祝愿她英灵不灭，永葆清芬在人间。

在快乐中奉献

张桂根

步入残老之年，耳聋、眼花、痴呆，什么毛病都显露出来，不免自己问自己：这把岁数的人了，还能为社会、为他人、为自己做点甚？

思来想去，不能坐着躺着等死，只要有一口气，就得找点事做。于是就想找几个老伙计合谋合谋，为丁果仙大师写写身世，立立传略。何以？简要说，就是太崇拜丁果仙大师了。她端庄的相貌，迷人的微笑，清脆的嗓音，落地有声的念白，时刻出现在我的脑海里。有时，连做梦也在听她唱《花子拾金》《打金枝》……

因家境贫寒，十四岁我就来太原学徒。那是1945年日本刚投降，我在鸣盛楼（二院），第一次看丁大师演出就是《蝴蝶杯》。之后的二十多年，断断续续又看了丁大师的三十多出戏。有《走山》《八件衣》《芦花》《太白醉写》《四进士》等等。

使我终生难忘的是：丁大师唱《火烧绵山》，这是在南肖墙和平剧院的演出。早几天戏牌上就写出丁果仙主演《火烧绵山》。因没看过这出戏，戏牌上又写明只演两场，我急了，一连三次跑到剧院买票。左跑右跑只买到一张乙票，就凑合着看吧。

《火烧绵山》演得太绝了，太感人了！丁大师扮演介子推，南玉英扮演老母亲，马玉楼扮演重耳。剧情发展到火烧森林，危及到介子推与老母的生命时，只见介子推将老母用力一背，然后来了个"前滚翻虎扑"，我哎呀一声，看得惊呆了！这场唱念做并重的戏，使我过足了瘾。既看了感人的剧情，又看到了丁大师高超的演技。

找谁呢？思谋良久，先找"百戏通"老兄杨

秋实吧。他多年专职戏剧事业管理，在梨园圈子里奔波，戏剧界的那些事儿，组织演出、安排剧场、接待剧团、艺术交流等他都通晓，恪尽职责。再加上他和我有数十年的友谊交往，找他商量最妥。

2012年8月29日下午，我约秋实兄到桃园三巷小花园见面，我们坐在木制长条凳上，约莫谈了半个多小时，最后他很自信地说："为丁大师写书立传我也早有此心。今天你一提正合我意。行！咱们找几个老伙计干，一年不成两年，两年不成三年。咱们制订个长期计划，直到干成为止。"我打断他的话说："老杨兄，你九十，我八十，笔杆子咱是扛不动了。"他笑着说："咱找个能扛动的，回头我跟华敏说一下，看她同意不同意合作。"

又过两天，秋实兄电话告诉我："华敏听了咱俩的设想，她很高兴，同意和咱们合作，愿为办成这件大事出一份力！"这消息使我很振奋。

得到华敏合作的意向后，我给秋实兄说："华敏细心出手快，让她尽快写出个方案来。首先把合作伙伴找准找齐，然后编写工作怎么开展，任务、目标、时间，都全盘考虑到。"秋实兄说："这些我都和华敏谈了，你等着吧，过不了几天她就会写出具体方案的。"

2012年9月5日下午，编写组成员在秋实兄家见面。有太原市文化局戏研所原副所长、剧作家赵威龙，有省戏研所原副所长阎玉庭，有市实验晋剧团退休的优秀演员刘惠兰，再加上杨秋实、张桂根、华敏一共六人。当即草拟协议书。

杨秋实全面负责，为编写组组长，联络召集人，资料提供者。活动场地就设在秋实兄的"心润斋"。

张桂根老戏迷，协助各位工作，为编写组副组长。

赵威龙为编写组主笔，兼搜集资料。

华敏为编写组管事，负责各项工作安排，兼作品评审、修改。

阎玉庭为编写组对外联络使者。兼搜集资料、作品评审、修改。

刘惠兰，为编写组后勤秘书，负责搜集资料、经费收入支付，及照相传递信息等工作。

2013年年初，春意浓浓，万家迎春。当人们忙着清扫庭院，置买年货的时候，在老杨家"心润斋"，六个老者正商定着大事。那就是全员出动，在春节之后，集中力量，进百家访千人，来个丁大师生平资料广泛搜集。

节后按照分工，赵威龙耐不住性子，心急如焚地就相约刘惠兰等几个伙伴出发了。前后八十多天，他们走访了省市文艺部门有关领导、我省著名晋剧表演老艺术家一百五十余人。他们先后赴榆次、祁县、太谷、清徐、文水、交城、汾阳、平遥等地，寻根掀底，挖掘和丁果仙大师有关的人和事。威龙老弟太辛苦了，白天奔波，晚上还要整理资料。期间老伴离世，也未耽搁工作进度。

　　2014年春的一次会议，秋实兄家"心润斋"多了个陌生人，他很壮实，光脑袋，大个子。经介绍，知他叫段兴旺，文水人，是个超级戏迷，更是丁果仙的崇拜者。钟情于搜集戏曲艺术照片的他，手头竟存有上千张相关照片，这实在是个奇迹。从这一天起，段兴旺老弟就成了《丁果仙传》编写组的新成员。在这次会上议定：由华敏编撰丁果仙图传，与《丁果仙传》同步筹划进行。

　　岁月如梭，光阴似箭。2015年春天，当丁果仙传与丁果仙图传的初稿基本定形时，大家总觉得缺点儿什么，总觉仅此两本不足以全面介绍丁果仙的人生，特别是艺术成就，于是编辑有关丁果仙的评论集的设想自然取得一致认同，并决定由阎玉庭主编。至此，《晋剧坤伶须生开宗泰斗丁果仙》的《春秋》卷、《影行》卷、《品评》卷的创编进入最后的冲刺阶段。

　　我们这个编写组，几乎每月都开一次碰头会，搭提纲、定基调、设文风、通文稿、找问题、拢意见、商改动，无一不是群策群力。五年了，我们七个人又都长了五岁。当初聚首于丁果仙传时，平均年龄七十五岁，如今平均年龄该是八十岁了。感谢上天的眷顾，如今个个仍是精神矍铄，文思通达，还能做自己愿意做的事，幸哉！幸哉！在完成为大师立传的努力中寻找快乐，体味生命价值，福兮！福兮！这福缘来自丁果仙大师的建树，来自丁果仙大师的魅力召唤，念兹在兹！

清明寄语丁大师

赵威龙

（一）

年年清明，岁岁清明，
今又清明，寄语清明；
清明沟通了阴阳霄壤。
如幻如梦，似寐似醒，
区区方寸，拳拳心声；
借凭吊倾诉，焚心香启唇，
遥寄极乐西天丁大师——
晋剧泰斗坤伶须生。
您是我忘年交隔世同仁，
您是我心目中偶像真神，
但愿您能抽空空听听看看，看看听听。
情事可能不准，
词语也许失真，
却是我辈晚生信誓旦旦一片诚。

（二）

老听说丁果仙，
爱煞个丁果仙，
没见过丁果仙，
偏要写丁果仙。
自个儿痴心妄念，
伙伴们撺掇感染，
老领导关怀备至，
戏迷们热切催撵；
多少人勉励，
多少人阻谏，
咱只顾一意孤行欲补天。
抓住根稻草，
踏上条危船；

哪管它疾弯陡岸，
哪管它深流浅滩，
哪管它浪击湍流，
哪管它篙断船翻；
傻乎乎盟下誓愿，
愣耶耶把契约签。

（三）
平遥小胡村，
太谷马莲滩，
忻州令归、太原郑村和许坦，
绕弯弯还捎带了张垣、束鹿与台湾。
走东家，串西院，
寻巷巷打探，
挨门门访谈。
年轻的五十上下，
寿高的九十二三；
问上没够，访上没完，
全不知觉早和晚。
递烟斟茶水果盘，
还赚得好酒好饭；
盛情难却的感叹，
私下里实在汗颜。
为大师树碑立传，
大好事情大家办。
满腔热血一寸丹，
寒暑三巡意万千。
寄语大师丁泰斗，
权充牺牲并纸钱。

为了大师，也为了自己那份牵挂

晋剧坤伶须生开宗泰斗 丁果仙 影行卷一

华敏

我曾十数年"混迹"于戏剧界，曾是太原市戏剧院及后来的太原市戏剧研究组的编剧，还兼任太原市戏剧学校二、三班的文化课教员，算是曾经的梨园行吧。离开戏剧行数十年了，但对戏剧总有那么一种说不清道不明的牵挂。这大概就是人们常说的一个人对最初涉世时的职业会产生终生情愫的缘故吧。

2012年，当有朋友倡议并邀约写《丁果仙传》时，其诱惑无力抵挡，更无法拒绝，因为：一看，发起人无私，目的明确；二看，主笔者能干；三看，班子人员各具优势；四看，自己入伙有用武之地。好了，接受了，入伙了，自愿做《丁果仙传》草根编创组一员。算是对那份牵挂的慰藉，何乐而不为！

说实在的，对大师，我只知其在剧界的地位和声誉，却甚少了解其生平详情。记得我进入戏剧行的时候，大师已经由市调省，能看到她演出的机会很少。且20世纪60年代，大师已把精力倾注于培养后人，演出并不很多。

然而，有那么一天，让我真正领略了大师的不同凡响，以致终生难忘。

1964年10月，山西省有史以来规模最大的一次现代戏观摩演出大会在太原举行。太原市有两台戏参演：一是豫剧团的《翠云岭》，一是实验团的《阳春姊妹》，两个剧本都由当时戏剧研究组提供。《翠云岭》反映山村教师生活，由贾肯堂创作；《阳春姊妹》反映商业战线生活，由我和梁枫创作。这样我便名正言顺地成为与会者，便有了观摩所有参演剧目的机会，晋剧院的《丰收之后》当然也在观摩之列。其实，当时我看《丰收之后》的着眼点是去学习移植剧本的经验。因为晋剧院演出的《丰收之后》剧是由山东同名吕剧移植而来。吕剧《丰收之后》是在全国现代戏调演中比较成熟的剧目之一,我在北京看过的。

不承想,看晋剧院《丰收之后》让我永远记住了大师。吕剧原本没有王奶奶的唱段,晋剧移植过程中专为其设计了八句唱腔。就是这因人设戏的唱段成了全剧的亮点。记得那天,当王奶奶唱完"……要不是共产党的领导好,我婆子怎能活到今天",全场被折服了,轰动了。那情自肺腑珠圆玉润的演唱,我也被融化了,一时间处于朦胧状态的我,竟分不清台上是王奶奶,还是丁果仙?仿佛丁果仙就是王奶奶,王奶奶就是丁果仙。试问:这出神入化的表演和演唱,又有谁行?只有丁果仙,只有大师丁果仙!

据说,这次演出是大师最后的登台,称得上是大师的绝唱。不禁感念之情油然而生,是上天给了我绝无仅有的"这一次",是这一次赠予了我对绝唱的记忆,把对大师的美好记忆永远定格在绝唱的舞台上,久久地怀念,久久地景仰。

我把景仰之情浸润在《晋剧坤伶须生开宗泰斗丁果仙》之《影行》卷(即《丁果仙图传》)的编撰中……

也给自己那份牵挂以慰藉。

抹不去的思念

晋剧坤伶领生 开宗泰斗 丁果仙 影行卷一

阎玉庭

农历正月初二,是平遥人祭祀先祖的日子,日久成俗至今不变。巧的是一代晋剧宗师丁果仙的忌日也在这天。作为一个在晋剧界摸爬滚打了五十多年的平遥人,每逢此日我总要情不自禁地想到仙去的丁老师。1972年2月16日,恰适农历正月初二。就在这天,享誉三晋的丁大师含冤去世了,至今已过去了四十多个年头,可在我的心里,丁大师始终没有离开我们,没有离开她视为生命、热爱一生、奉献一生的晋剧艺术。每到这一天,丁大师的音容笑貌,以及她超凡脱俗的表演身姿便会浮现在我的眼前。

2016年正月初二,北京电视台播放的春节戏曲晚会吸引了我,当荧屏上出现了山西戏剧职业学院十二岁的路通彩唱丁大师《空城计》中的唱段时,我顿时百感交集思绪万千。在思念丁大师的同时,追忆、愧疚等复杂情感一起涌上了心头,久久不能散去。

记得那是1962年3月,我刚满十六岁,从山西戏曲学校毕业后分配到省晋剧院一团工作。当时丁大师任晋剧院副院长,她做人低调谦和,不喜欢人们用官衔称呼她。于是大家也都心照不宣地尊重她的意愿,老同志亲切地称她"老丁",年轻人尊称她"丁老师"。听着这些称呼,她似乎也乐在其中,无论老少都能融洽相处。

当年7月,山西省文化局、山西省剧协等单位联合为丁大师举办舞台生活四十周年纪念活动。活动期间,除省市兄弟院团庆贺演出外,带病的丁老师还同她的老搭档牛桂英、郭凤英、刘致和、刘仙玲等同台演出了《走雪山》《详状》《空城计》等剧。令我难忘的是剧团领导派我参加了这次演出,具体任务是在丁老师主演的《空城计》中扮演诸葛亮的琴童。虽说这个角色没有几句台词，是这出戏中小得不能再小的角色了，但我仍为能扮演这一角色异常兴奋。因为自我认识丁老师以来，就知她身体欠安，加之对这位大艺术家敬若神明，所以从不敢贸然接近她，偶尔相遇，也只是行个注目礼，顶多问声丁老师好。作为后生晚辈，我做梦也没想到能和丁老师同台演戏。如今居然能够为丁老师配演琴童，不但可以近距离接触她，还可以站在她身边欣赏她的艺术，真可说是千载难逢的天赐良机，我怎能不欣喜若狂呢！

《空城计》演出的前一天，丁老师来到剧院同乐队和有关演员对戏说戏。负责安排角色的宋胜科老师，给我和另一位扮演琴童的演员说完戏后，领着我俩走到丁老师的面前，先让我们恭恭敬敬地向丁老师鞠了一躬，才向丁老师介绍说："老丁，这是为您配戏的两个琴童，您看怎么样？"丁老师先把我俩上下打量了一番，然后站起来和我们比了一下个子，说："行，和我的个子差不多，我穿上靴子就会比他们高一些。"说罢，将我拉到她身边，问我多大了，叫什么名字，哪里人。我一一做了回答。

当丁老师听说我是平遥人时，她的脸上流露出一种平时少有的复杂表情。我望着她出人意料的神态很诧异，但并不理解。直到多年后我才逐渐弄明白，原来丁老师与我的家乡平遥有一种剪不断理还乱的情结。丁老师早期演出的琴师郭鹏飞是平遥洪堡村人，曾为丁老师伴奏多年，两人在艺术上配合默契彼此视为知己。1936年上海百代公司为丁老师灌唱片时，就是郭鹏飞拉的胡呼，可以说他为丁派唱腔艺术的形成做出过不少贡献。也许是这个原因，丁老师将养女丁拉弟嫁给了郭鹏飞的儿子，与之结成了儿女亲家。然而，较这段平遥情更深的是丁老师的首任丈夫冀午斋也是平遥人。冀虽较丁老师年长许多，也早有妻室，但仍视丁如掌珠。凭着他在社会上的人脉，曾为丁的艺术活动四处奔走，为此丁老师在20世纪20年代末到30年代初曾在平遥断断续续生活过七八年。而更让丁老师终生难忘的是，她一生唯一的一个孩子，就是在平遥出生时不幸夭折的……难怪丁老师听我说到"平遥"后会神色异常呢！

丁老师似乎觉察到了自己反常的神态，略微停顿了一下接着对我说："小平遥家，日后要好好练功好好学戏，把戏演好为晋剧争光。"短短几句话，语重心长，寄托着前辈艺术家对年轻学子的殷切希望。丁老师的话我虽然记下了，也曾想为晋剧事业做一点力所能及的贡献，但遗憾的是自己天赋不足，勤奋不够，加之一些意想不到的客观因素，很早就离开了舞台，浑浑噩噩地在戏剧界呆了数十年，毫无建树，辜负了她老人家对我这个"小平遥家"的期望。

"文革"中，丁老师被打成反动艺术权威，多次被游街批斗，精神肉体受到了极大摧残，作为后辈学子，我本应该在她危难时挺身而出，给她以关心和保护，但是因身处特殊年代，我却未能做到，在我的心灵深处留下了终身的愧疚。每念及兹，无尽的自责便会萦绕心头，尤其是在丁老师忌日这天更为强烈。

2012年，在杨秋实、张桂根二位老先生的倡议下，几位同仁商量编写《晋剧坤伶须生泰斗丁果仙》一书，以纪念这位杰出的晋剧表演艺术家。我幸运地参加了此书的编写工作。经五年多的不懈努力，此书已被出版社列入出版计划，即将交付印刷。在此书的编写过程中，我自知自己责无旁贷，始终全力以赴不敢懈怠，想用自己的实际行动告慰丁大师的在天之灵：敬爱的丁老师，您将永远活在我心里。

精神贵族的体验

刘惠兰

因为妈妈刘仙玲的戏曲演员生涯，给了我从小便有接触戏曲舞台的机会。两岁时就上台演娃娃。1952年全国首届戏曲观摩演出大会时，四岁的我居然登上了首都的舞台，饰演郭兰英主演的《明公断》中秦香莲的女儿。记得上台前，丁果仙奶奶微笑着告我："别害怕，好好演。"那慈祥的模样，至今记忆犹新。

1958年4月15日，我正式进入了太原市戏剧学校二班，可以经常见到丁果仙校长了。更让我难忘的是我与丁校长同台演出现代戏《红旗下的花朵》一事，丁校长在剧中饰演校长，我则演校长的女儿。想想这是多么叫人庆幸的记忆，我知道丁校长时时处处牵挂着大家。学校条件虽然艰苦，但老师精，学生勤，教得认真，学得努力，师生关怀，同学友爱，大家一个心思学戏练功。那时学校的学习氛围真好，让人无限怀念。

我衷心感谢戏校对我的培养，也更感谢丁果仙大师和筱吉仙老师创办戏剧学校的远见卓识。

如今我能加入《丁果仙传》的创作组，感到很荣幸，虽然我没有能力提笔写作，但创作组有很多事务性工作要做。在这个集体里，我最年轻，出力的事就应该我去做。在这里我是出了点力，但得到的却是精神的力量。因为这个集体太可爱，太可敬了。

可爱的是，大家互相关心体贴，就像一家人一样。每次研讨聚首，那份热烈，那份认真，那份和谐，总叫人激动不已。

可敬的是，九十多岁的、八十多岁的、七十多岁的长辈们，似乎完全忘记了自己的年龄，一个个思维敏捷，一个个精神抖擞，五个年头的日

尾声·告白

日夜夜就这样自觉自愿地奔波、忙碌、写作，大小家事可以放放，身体不适可以忍忍，为什么？原本他们完全可以在家过优哉游哉的退休生活的，这般忙碌为什么？是丁果仙大师把他们拴在一起了，他们最爱丁果仙大师，最懂得丁派艺术在晋剧历史中的重要地位和价值。我这个梨园弟子，我这个曾聆听过丁校长教诲的晚辈，被长辈们无私精神所"裹挟"，也自觉自愿地与他们度过辛苦而快乐的五个年头。这五年，让我有机会系统地认识丁果仙大师，更从中领悟丁派艺术的真谛。

　　我特别庆幸我有这样的机缘，因为这个纯属"草根"的编创小集体给予我的是无尽的精神力量，让我初识精神贵族的奢华，更让我体验精神贵族的美妙。我相信：这种难得的做精神贵族的经历，一定会让我的第二个甲子人生得到升华，活得精神！活得滋润！

乐此不疲

段兴旺

我从小不仅爱看山西梆子，而且凡与山西梆子沾边的人和事我都关心。没办法，咱这个文水农民是地地道道的山西老醯儿，爱山西梆子那是必然的。

我搜集到的有关戏曲的资料无数，于是人们送我"戏曲收藏家"的雅号和"戏痴"的别号。"收藏家"咱不敢当，"戏痴"我倒觉得挺合适，名副其实。

2014年初夏，我遇到了六位已到耄耋、古稀，已过花甲之年的人，他们埋头于杨秋实老先生的"心润斋"，他们称这里是他们的沙龙。我不懂什么叫沙龙，我只知道他们经常在这里聚会，只为晋剧须生泰斗丁果仙而相聚。我参加过他们的几次聚会，他们不服老，他们热情，他们个个有才情，他们是地地道道的行家里手，我很佩服他们，我在他们面前简直是小巫见大巫了。但痴情

段兴旺（右2）在解开丁果仙出生之谜后，清明节专程去丁果仙墓碑前祭拜，以此告慰丁大师在天之灵。

尾声·告白

于丁果仙，痴情于山西梆子，痴情于戏曲的心，我相信我和他们是相通的，我一定要参加进来，我手头有关丁果仙的资料一定会派上用场。如果我所搜集到的有关丁果仙的这些资料，能在《丁果仙传》这本书里出现，让更多的人看到丁果仙，了解丁果仙，我心足矣！也不枉我这些年的辛劳了。

我成为草根编创组的一员了。我们一起说道丁果仙，一起研讨丁果仙传稿。我们因丁果仙聚会，也因丁果仙忙碌。

丁果仙永远活在我们这些"痴人"心中！

为活在心中的人而忙碌，永远快乐！

蛟龙出于深海，大师出自民间。丁大师生于民间，成与民间，而终居于艺术庙堂之上，然其芳华精粹仍流传于民间，并将于民间千古流芳。

集成于民间的草根编创组，谨以此书敬拜大师。

下场对子：

玉宇无尘松柏参天丁派宗师永存旷世锦

银发有志德艺紫怀草根班组再谱不老春

后记

　　2014年3月19日草根编创组商定由我编撰"丁果仙图传"。从那一刻起，我便急于寻找从1909年丁果仙大师出生起的那个时空隧道。我急欲进入，我必须进入。

　　经过丁果仙传即《晋剧坤伶须生开宗泰斗丁果仙·春秋卷》的集体创作，无疑对丁果仙的一生有了一定的了解和认识，这是"进入"的前提和基础。然图传是以图述传，是以图明示一生的。

　　图片资料的搜集是从草根编创组全体总动员开始的，之后又有段君的丰富积累，还有不少热心人闻讯主动赠予，这使得图片资料的搜集工作进展较为顺利。当数百张图片资料在手时，似乎可以说，具备了"进入"的资本。

　　但"进入"何其容易？

　　首先：数百张图片资料，除一部分有时间、地点、拍摄事由的明确记载外，大部分都无法准确地了解其详情。要知道每张图片资料都是一段故事啊！试问，谁能说出这些故事呢？那些藏在图片资料背后的古歌旧曲又有谁能知晓呢？

　　还有：一个人的一生，是由千千万万个瞬间连缀而成的，这些个瞬间，在生命长河中，或精彩或平淡，或有趣或乏味，或重大或渺小，但任何一个人，都不可能每一个瞬间都留有影像。于是造成连缀生命瞬间的诸多空白，这便是以图述传的最大困惑。

　　再者：作为社会的人，人的一生都是与无数件事、与无数个人共处而写就的。与丁果仙一生有交结的事、有交往的人是哪些？他们有影像资料吗？这些资料的多寡将决定图传的丰满与枯槁。

面对有关人、事资料的不足，面对有图片而不知情的无奈，特别是面对那些无影像的生命空白，在"进入"大师生命时空隧道时，总是磕磕绊绊，无法顺畅。欲以常规的传记纪年方式来述传实在无法进行，太过困难。

困惑之下，只能另辟蹊径。

欲寻新途径，唯一可依靠的仍是手中数百张图片资料。当我把它们铺天盖地地展现在小屋桌、椅、床、地时，那么多丰富、多姿的容颜扑面而来，大有"上方重阁晚，百里见秋毫"之势，心底豁然开朗，似有一方棋局在胸中隐现：童年、艺苑、琴瑟、桃李，这四方格局，不正能涵盖丁果仙大师特殊的一生吗？人生如戏，每个人都从童年拉开人生帷幕，更何况丁果仙一生都活跃在戏曲舞台的台前幕后。因此，以幕分节，用四幕布局，颇为适当，颇可集中显现丁果仙这位坤伶巨擘的传奇戏剧的一生。尤其是"艺苑"定当列为一出重头戏。

接下来的工作是对数百张图片资料行分散归幕术，将它们逐一分别归入一、二、三、四幕（书中所用照片都注明出处或提供者姓名。凡没有注明提供者名字的，均为段兴旺先生提供）。

对那些"不足"处，只能遗憾留白；

对那些"空白"处，还好能用文字填充；

然对那些有图片而不明就里的，让人好纠结，好迷茫，归放何处？归放任何一幕都觉欠妥；弃之，又觉不舍。于是常常会在深夜灯下与它们独处，捧着，与他们面面"相觑"，任思绪天马行空，恍惚间似有声音或画面闪过，冥冥之中企盼灵光明示……最终只能自作主张，归之一幕……

最后以"草芥童年""芬华艺苑""悲欢琴瑟""芳烈桃李"四幕成型。是丁果仙大师艺术生涯和家庭、爱情、同仁、朋友、弟子等社会个体成员交织成网络状的四百多份图片分散归幕后的有序大集结。尽管做了不懈努力，欲使其完整，但仍不尽如人意。幸有《春秋》卷述丁果仙大师人生之全貌，《影行》卷之不足也就遗憾些微了！

这里需要说明的是：

1. 第四幕"芳烈桃李"是介绍丁果仙大师徒弟们的不凡作为的。他们在传承丁派艺术的道路上屡建功勋，他们的弟子遍布晋、陕、冀、蒙多地，不乏出类拔萃的传人，是现阶段活跃于晋剧舞台上的中坚力量，在《影行》卷中理应大书。一来可展示丁派艺术蓬勃兴旺的景况，二来可当作告慰先师英灵的诚挚祭礼。但限于篇幅，只选了具有国家一、二级演员的丁派传人予以介绍。另有个别几位虽无一、二级资格，但在传承丁派艺术的实践中有突出贡献，也酌情收入。

2. 有些照片无法以照片准确时间定位，只能错时使用，也就是说某一时间点上需要的照片并不是这个时间点拍的照片。比如20世纪50年代发生的某件事，需要有五个人来说明，这五个人中也许有两个人无法找到照片资料，也许有两个人有照片，但不是50年代的，而是其他时间的。

3. 除四幕之外，又加了序幕与尾声相呼应。序幕和尾声都是在记述别人了。序幕述解得丁果仙大师身世之谜的人；尾声则述为丁果仙大师立传的草根编创组的成员。

段兴旺君追寻并解得丁果仙大师的身世之谜，为丁果仙大师消弭终生之憾，告慰远去的英灵，功不可没。以序幕记之。

平均八十岁的耄耋、古稀、花甲之七位（杨秋实、张桂根、赵威龙、华敏、阎玉庭、刘惠兰、段兴旺）草根编创组成员，用五年时光在夕阳中劳作，寻找、追求，享受"作德，心逸日休"的那份人生美妙，以尾声记之。让他们在"尾声"这一席之地上发声、告白，以"天意怜幽草，人间重晚晴"之状态，明心、明志、明理，与读者共享丁果仙大师留给后人的宝贵财富。也与大家分享七位"草根"那份"壮心未与年俱老"，"莫道桑榆晚，为霞尚满天"的欢乐。

成书的全过程离不开出版社领导、编辑、设计者的支持和努力，他们参与策划，关心书稿进展，对书稿反复磋商，细修细改，尽心竭力。责任编辑陈洋不仅直接介入了《影行》《品评》两卷书稿的编纂过程，在书稿的加工编辑当中也付出了大量劳动，对本书的定稿出书提供了很多建设性意见。美术编辑张永文，在多达五百余幅老旧图片的选择、修复和文字、图片的安排上，出主意、下功夫、动脑筋，保证了文图的较好融合，并将戏剧元素完美地融入了书稿的整体设计中。一部书的最终呈现是由他们完成的。让草根们感佩交并。

赘语

《晋剧坤伶须生开宗泰斗丁果仙》之《春秋》《影行》《品评》三卷本终于要付梓了。

2012年9月，张公桂根（81岁）提出为丁果仙立传的大胆想法，杨公秋实（89岁）马上响应并搭手，共同组建编创班子。有赵威龙（74岁）、华敏（73岁）、阎玉庭（67岁）、刘惠兰（65岁）、段兴旺（56岁）应声而来，并州七老草根编创组诞生了。

五个年头过去了，我们平均年龄已登耄耋。庆幸的是七个老者健健康康、平平安安，盖因丁果仙大师精神的护佑和眷顾。我们感恩！我们谢忱！

五年来，我们不忘初心，正如当初编创组协议书上所言：精诚团结，协同作战，在书稿完成前决不打退堂鼓。我们做到了：有志有恒，同甘同苦，不离不弃，善始善终。

五年来，有杨、张二位组长胸怀博大坐镇操持，他俩不仅掌握书稿进度，更关心组员们身体、精神等方方面面。常有电话嘘寒问暖，更有提着礼品探病关怀，那是一种难以表述的关爱和温暖。这便是无穷的力量！

难忘七个人一起围坐在杨公心润斋小客厅大茶几旁的无数个日子，我们一起搭框架、通提纲；一起挑眼拔刺，字斟句酌；还有一起缄默，一起争论；偶尔也天南地北闲谈杂论，引来一阵爽朗笑声……多么好的那些个日子啊！为了丁果仙一书成稿，七个老者同思同议，同喜同忧。此生再难求矣！

动笔的赵、华、阎三位自然辛劳些。然，乐在笔头的享受又有谁人能获得？

年纪较小的刘，热情无私不怕苦。五年来时时处处关心和体贴着五位长者。她自知身为梨园名门之后，就该尽力发挥其优长。在前期工作中，她亲自设计对梨园老前辈们的采访线路，安排先后顺序，购置见面礼品，甚至连叩门礼数、见面称谓等细节都一一谋划清楚。可以说，三卷本中无一不饱含着她的尽心竭力和奉献精神。

热衷收藏的段，爱戏如命。凡有空一定在路上，呼市、包头、张家口，汾、平、介、孝晋中地，乃至束鹿故地、宝岛台湾都遍布了他的足迹。他的所有努力都在书中展现，丁大师的身世之谜，还有那些从未见过的丁大师的形象，会使读者惊奇、惬意；更会爱不释手。须知，那是段君辛劳的结晶。

这套为丁果仙立传的三卷本所以能成书付梓，更要感谢三位顾问：曲润海先生、郭士星先生、张仁健先生。他们都已是古稀之年的老者。首先感谢三位带病对书稿逐字逐句的审阅修改；更感谢三位对书稿每一步进展的及时指导，就连全套书名都是张仁健先生的智圆之奉赠。因有三位专家学者自始至终的关心、帮助，才让草根编创组诸君心中有底、行之有轨，才使五年的编创工作顺利始终。感激之怀，匪可言宣！

编辑陈洋在最初发现这部书稿后，力谏将丁果仙三卷本留在山西本土出版，并主动参与全套书的编辑策划工作，提供了不少建设性意见，同时直接介入了《影行》卷和《品评》卷的编辑工作。

成稿时间虽说长了些，但却赶上了好时候。大家被党中央"坚定文化自信，讲好中国故事"的声音鼓舞着，践行着。所以，尽管丁果仙三卷本仅仅是草根们的自主行为，但也得到政府和出版社的全力扶持。幸矣！运矣！

心遂事成，谢天谢地。揖也！叩也！

并州七老感言于 2018 年尾